Des mêmes auteurs, aux Éditions Leduc.s

De Julie Frédérique :
L'huile d'olive, c'est malin, 2010.
Cette lune qui vous veut du bien, 2010.
Le citron malin, 2009.

De Carole Garnier :
Mes petites recettes magiques aux oméga 3, avec Anne Dufour, 2011.
Mes petites recettes magiques anticholestérol, avec Anne Dufour, 2011.
Mes petites recettes magiques hyperprotéinées, avec Anne Dufour, 2011.
Le régime nordique, avec Anne Dufour, 2010.
Mes tartes et quiches magiques, 2010.
Mes petites recettes magiques à l'agar-agar, avec Anne Dufour, 2010.
Mes petites recettes magiques sans gluten et sans lactose, 2010.
Programme brûle-graisses en 30 jours, avec Anne Dufour, 2010.
Pâtes minceur, avec Anne Dufour, 2009.
Verrines simplissimes à l'agar-agar, avec Anne Dufour, 2008.
Programme minceur agar-agar en 15 jours, avec Anne Dufour, 2008.
Agar-agar, la nouvelle arme antikilos, avec Anne Dufour, 2007.
Le régime express IG brûle-graisses, avec Anne Dufour, 2007.
Le régime express IG minceur, avec Anne Dufour, 2007.
Le régime IG, avec Anne Dufour, 2006.

Maquette : Facompo
Illustrations : Delétraz (p. 27) et Fotolia

Deuxième impression (mai 2011)
17, rue du Regard
75006 Paris – France
E-mail : info@editionsleduc.com
ISBN : 978-2-84899-457-4

JULIE FRÉDÉRIQUE CAROLE GARNIER

MES PETITES RECETTES MAGIQUES AU CITRON

LEDUC.S
EDITIONS

Sommaire

Introduction

Lemon Curd en Angleterre, *Key Lime Pie* en Floride, *Lemonade* aux États-Unis, *Limoncello* en Italie, tarte au citron meringuée chez nous, citrons confits de l'autre côté de la Méditerranée, la saveur du citron se retrouve un peu partout tout autour du globe, chaque nation l'adaptant à ses goûts et ses usages. Un hasard ? Certainement pas. Avec son parfum intense, son jus acide et son zeste savoureux, le citron exalte les saveurs des recettes qu'il habille. Il fait pétiller les couleurs des fruits, transforme les poissons, attendrit les volailles, souligne les desserts… Avec certains aliments, c'est un véritable mariage d'amour. Mais le citron est bien plus qu'un simple condiment : sous son épaisse écorce jaune soleil, il cache des trésors de bienfaits. Antimicrobien, bon pour le métabolisme, reminéralisant, bénéfique à la circulation, détox… il sait tout faire, ou presque !

Champion des saveurs, super-héros de la trousse à pharmacie : difficile de résister à l'envie de réunir ces qualités pour en profiter au quotidien. S'armer contre un rhume en savourant un citron chaud, combattre la fatigue avec une salade de fruits hypervitaminée, bien digérer grâce à un petit plat mitonné, prendre soin de sa ligne avec une vinaigrette allégée, grâce à lui, c'est possible. Et rien de plus facile, car le citron se met en quatre pour nous servir : il se laisse trancher, presser, éplucher, râper, congeler, cuire, confire, tout cela en quelques gestes à peine.

Maintenant, un test. Combien de citrons utilisez-vous chaque jour ? Entre un et deux ? Félicitations, vous êtes un fanatique du citron et vous devez probablement être en pleine forme 364 jours sur 365. Vous êtes parfaitement prêt à découvrir, tester et apprécier les recettes de ce livre. Une moitié, ou un citron tous les trois jours ? Peut mieux faire. Vous aimez le citron mais ne savez pas forcément comment l'utiliser autrement que sur un poisson ou dans un verre d'eau. Ce qu'il vous reste à faire ? Aller acheter un kilo de citrons (ou plus, si vous vous sentez motivé), puis revenir vous installer tranquillement chez vous et tourner les pages, pour découvrir une centaine d'idées.

Il en a dans le citron !
(pour 100 g)

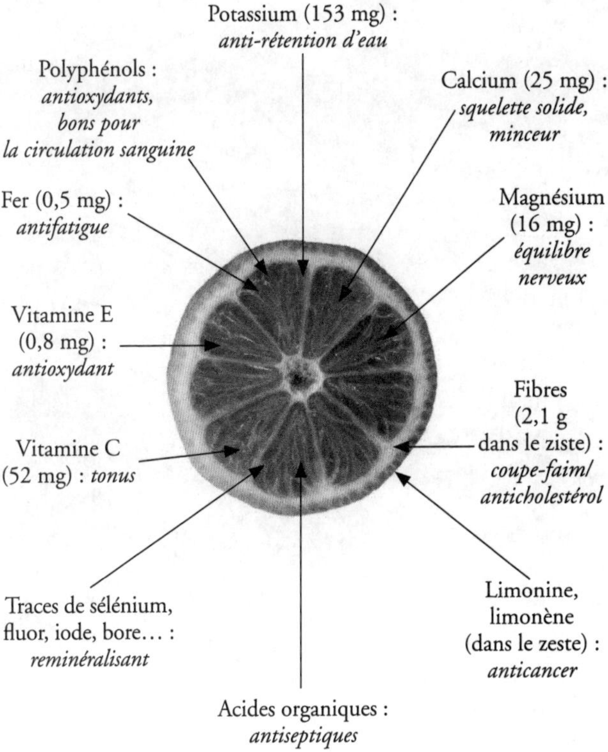

Mon citron santé

Un fruit qui nous veut du bien

Le citron sans parcimonie, c'est la santé sans pharmacie. Riche en vitamine C, il permet de braver l'hiver sans médicaments tant il est efficace contre les rhumes et autres infections. Mais connaissez-vous toutes ses vertus thérapeutiques ? Grâce à ses précieux principes actifs, il renforce les défenses immunitaires (indispensables pour prévenir les maladies), favorise la digestion, stimule la circulation, apporte tonus et vitalité, reminéralise et lutte contre l'anémie… Ses qualités antiseptiques en font également un puissant désinfectant. Ainsi, Néron, qui redoutait l'empoisonnement, en faisait une grande consommation. Chaque jour, le citron peut vous aider à soulager un grand nombre de petits maux.

Peut mieux faire !

Chaque Français consomme en moyenne 1,6 kg de citrons par an.

(Source : Aprifel).

1. DÉTOX

Pour purifier votre organisme et chasser les toxines accumulées sous l'effet du stress, de la pollution, de l'inactivité physique et des excès alimentaires, pensez au citron, c'est le roi de la détox ! Diurétique, il favorise l'élimination des toxines et de l'eau stagnant dans les tissus (rétention d'eau). Pour stimuler l'activité rénale, cap sur la citronnade (du jus de citron dilué dans de l'eau) le matin à jeun.

2. DÉSINFECTANT

Ses qualités antiseptiques en font également un puissant désinfectant. Il est donc très utile pour combattre toutes les infections, particulièrement les refroidissements, grippes, rhumes, mais aussi les infections urinaires. Si vous n'avez pas de produit désinfectant sous la main, vous pouvez utiliser le citron directement sur une plaie ayant besoin d'être nettoyée (oui, ça va piquer).

3. ACIDULÉ

Ce n'est pas parce que le citron est acide au goût qu'il est acide pour l'estomac et qu'il faut donc l'éviter lorsque l'on est sujet aux aigreurs. Ce serait oublier que la muqueuse gastrique est faite pour résister aux sécrétions digestives, particulièrement acides (pH 1 environ). Au contraire, le citron protège cette muqueuse et stimule l'action du foie et du pancréas. Il aide ainsi à réduire les ulcères et les problèmes d'acidité gastrique. En cas d'estomac sensible, évitez simplement de consommer du jus de citron à jeun et diluez-le largement dans de l'eau.

4. Coupe-faim

Le citron est un coupe-faim naturel. Il renferme de la pectine, une fibre qui gonfle dans l'estomac au contact de l'eau, pour former un gel à l'effet rassasiant et prévenir ainsi les fringales. En outre, la pectine ralentit l'absorption des sucres par l'estomac. Elle procure ainsi une sensation de satiété pouvant durer jusqu'à quatre heures. La pectine se cache dans la pulpe et le ziste (la peau blanche juste sous le zeste). La façon la plus facile d'en profiter : peler le citron à l'aide d'un économe puis le couper en tranches. À faire cuire ensuite dans des papillotes avec des filets de poisson, à glisser dans des verres d'eau, ou, si vous aimez, à manger tel quel. À défaut de croquer la pulpe, prenez au moins l'habitude de boire un grand verre d'eau fraîche additionnée de jus de citron avant chaque repas. L'appétit ainsi modéré, vous éviterez de vous resservir plusieurs fois du même plat.

5. Reminéralisant

Le citron regorge de minéraux et d'oligo-éléments qui viennent combler les carences en cas de besoin. Fer, magnésium, phosphore et potassium, le citron a plus d'un tour dans son sac !

Contrairement à ce que l'on croit, le citron n'est pas décalcifiant : au contraire, il est plutôt riche en calcium, qui, associé à la vitamine C, est encore mieux assimilé.

Jus de citron obligatoire !

Dès 1795, des rations de jus de citron furent obligatoires sur les bateaux de la British Navy afin de protéger les marins du scorbut, maladie grave provoquée par un manque de vitamine C et de flavonoïdes. Plus tard, il fut remplacé par le moins onéreux jus de lime, en provenance des Indes britanniques, ce qui valut aux navires le surnom de « limejuicers » et aux marins, de « limeys ».

6. Booster de métabolisme

Le citron est un « brûle-graisses » naturel. La vitamine C figure parmi les aides les plus efficaces pour perdre du poids car elle accélère le métabolisme, stabilise le taux de sucre dans le sang et freine le stockage des sucres sous forme de graisses. Buvez chaque matin à jeun un jus de citron dilué dans un peu d'eau chaude, 30 minutes avant le petit déjeuner. C'est une habitude chez les mannequins. Faites-en aussi la vôtre !

7. Digestif

Pour les personnes qui souffrent de troubles digestifs chroniques ou ponctuels, il est recommandé de boire un verre d'eau tiède additionnée du jus d'un citron fraîchement pressé après chaque repas. En effet, le citron stimule la production d'acides digestifs et l'activité de l'estomac. Nettement mieux qu'un café aux effets excitants.

8. Bon pour l'équilibre acido-basique

Notre alimentation moderne, à base de produits transformés souvent trop riches en protéines, sucres et graisses, a tendance à acidifier notre organisme avec pour effet ultime de le déminéraliser. Il doit alors compenser en puisant dans ses réserves de minéraux, notamment dans le squelette. Résultat : des os affaiblis et un risque augmenté d'ostéoporose à la ménopause. Or, contrairement à ce que son goût acide pourrait laisser croire, le citron n'est pas acidifiant mais alcalinisant pour l'organisme. Il vient donc compenser l'excès d'aliments acidifiants (produits transformés, viandes, poissons, céréales) pour rétablir l'équilibre acido-basique de notre corps tout en le reminéralisant. Citronnez donc vos poissons et pensez à consommer du jus de citron d'une façon ou d'une autre au cours d'un repas où vous mangez de la viande (les protéines, et en particulier celles de la viande, sont très acidifiantes pour l'organisme).

9. Minceur

Tonique, stimulant et dynamisant grâce à sa forte teneur en vitamine C, le citron met le feu à votre métabolisme. Vous brûlez plus de calories tout au long de la journée, au repos comme à l'effort. En outre, le citron abaisse l'index glycémique total du repas, ce qui en fait un allié pour ralentir l'assimilation des sucres et des graisses par l'organisme.

En période de régime, le citron est un aliment dont vous pouvez, et dont vous devez, abuser. Alors profitez-en, invitez le citron à votre table et mettez-en dans tous vos plats : crudités, poissons, desserts… Vous trouverez 100 façons de le faire grâce à nos recettes !

10. Antiballonnements

Le soir, versez une grande tasse d'eau bouillante sur un citron coupé en tranches auquel vous aurez ajouté 5 g de fleurs sèches de camomille. Laissez macérer toute la nuit dans un récipient bien fermé. Au matin, filtrez et buvez l'infusion à jeun. Les vertus digestives de la camomille et du citron viendront à bout de vos ballonnements.

11. Bon pour la circulation

Tout comme l'aspirine, le citron fluidifie le sang, avec l'inconvénient en moins de ne pas faire saigner du nez et de ne pas provoquer d'allergies. Le sang, plus fluide, circule plus aisément dans les vaisseaux sanguins, ce qui abaisse la pression artérielle, permet une cicatrisation et une reconstitution plus rapides des vaisseaux lésés, un apport plus régulier et plus abondant de substances nutritives aux organes dont les fonctions s'accomplissent alors avec beaucoup plus de facilité. En outre, grâce à ses flavonoïdes, le citron renforce les parois veineuses.

12. Tonifiant

Le citron, par sa forte teneur en vitamine C, est dynamisant. Si vous êtes fatigué, il y a de fortes chances pour que vos défenses immunitaires le soient aussi. Alors remplacez votre café du matin par un jus de citron additionné d'eau tiède (pas bouillante, car au-delà de 60 °C, la chaleur détruit la vitamine C) que vous pouvez adoucir avec 1 cuillère à café de miel.

13. Antidiarrhées

Grâce à ses propriétés astringentes et antiseptiques, le citron aide à calmer les diarrhées d'origine infectieuse. Diluez le jus d'un citron vert dans un verre d'eau minérale à température ambiante et buvez 6 à 7 verres de cette citronnade dans la journée.

14. Antigrippe

Le citron est l'allié idéal pour combattre les maux de l'hiver. Vous sentez la grippe s'abattre sur vous ? Préparez un « grog » au citron : mélangez le jus d'un citron à de l'eau chaude, mais pas bouillante, et du miel liquide, avalez puis filez au lit. D'une manière générale, une citronnade (un tiers de jus de citron pour deux tiers d'eau) revigore et tonifie lors d'affections fébriles tout en renforçant les défenses immunitaires. Le citron, très bon immunostimulant, antiviral et anti-infectieux ORL, aide l'organisme à faire face aux agressions microbiennes et virales. En outre, la vitamine C stimule la production des globules blancs, nos « soldats » immunitaires.

Ma maison antimicrobes

En période de fatigue, l'organisme est beaucoup plus sensible aux microbes. Pour éviter la contagion et passer au travers du rhume, de la grippe, de la gastro ou d'autres épidémies hivernales, diffusez de l'huile essentielle de citron. Versez-en quelques gouttes dans un diffuseur ou bien dans une soucoupe posée sur un radiateur, ou encore directement sur les ampoules éteintes. Lorsque vous les allumerez, le parfum et le pouvoir assainissant du citron se répandront dans toute la pièce.

15. Anti-infection urinaire

Le citron, antiseptique, lutte contre les infections urinaires, vésicales et rénales. Préparez une infusion d'écorce de citron : coupez 80 g d'écorce de citrons bio en petits morceaux, mettez-les dans une théière et versez par-dessus deux verres d'eau bouillante. Couvrez, laissez infuser 15 minutes et filtrez. Sucrez au besoin avec du miel. Buvez cette infusion en deux fois dans la journée, après les repas par exemple, ou au cours de l'après-midi et juste avant d'aller au lit.

16. Antinausées

Vous êtes enceinte et la moindre odeur vous soulève le cœur ? Vous avez abusé du chocolat et sentez votre estomac vous le reprocher avec véhémence ? Vous venez de prendre la voiture et vraiment, les petites routes de montagne ne vous réussissent pas ? Préparez-vous vite un verre d'eau gazeuse largement dosé en jus de citron. Le soulagement est immédiat.

Le citron, c'est essentiel !

Vous croiserez parfois de l'huile essentielle de citron dans nos recettes, en particulier les gâteaux ou les cakes (le jus de citron liquéfierait la pâte, et les zestes, mêmes hachés, ne donnent pas suffisamment de goût) ou les entremets à base de lait (le jus peut faire cailler ce dernier). Vous en trouverez chez votre pharmacien, ou en magasins diététiques et bio, ou encore en épiceries fines. Quelques gouttes suffisent à parfumer une recette et votre petit flacon durera très longtemps, d'autant que l'huile essentielle de citron se conserve très bien. Pour l'obtenir, le procédé est un peu différent de celui des autres huiles essentielles, extraites par distillation à la vapeur d'eau. Celle des agrumes est obtenue par simple expression des zestes à froid. 1 kg de citrons est nécessaire pour remplir un flacon de 10 ml, ce qui veut dire qu'il faut 100 kg de citrons pour en obtenir 1 litre !

Le truc de Danièle Festy, pharmacien*

« Je recommande l'HE de citron contre les troubles digestifs. Une seule goutte d'HE de citron sur un morceau de sucre que vous laissez fondre en bouche lève une nausée ou permet de digérer un repas un peu lourd. »

* Spécialisée en aromathérapie, auteur de *Ma bible des huiles essentielles* et *Mes petites recettes magiques aux huiles essentielles*, Leduc.s Éditions.

Mon citron pratique

Les variétés les plus courantes

Selon sa variété, le citron sera de forme plus ou moins ovale, son écorce plus ou moins fine, renfermant plus ou moins de jus et de pépins, et son goût plus ou moins parfumé, acide, doux ou sucré. Parmi les innombrables variétés de citrons que vous pouvez trouver sur les marchés, voici les plus courantes :

Variété	Saison	À quoi il ressemble
L'Eureka	Toute l'année	Le fruit est oblong, la chair très juteuse, acide et parfumée.
L'Interdonato	Septembre-octobre	Gros citron à la peau fine et lisse. Sa chair, relativement peu juteuse, renferme peu de pépins.

➔

Variété	Saison	À quoi il ressemble
Le Verna	De février à septembre	Citron d'un jaune intense et de forme allongée qui possède une peau rugueuse et épaisse, quasiment pas de pépins, peu acide et très juteux.

Et les autres…

Le cédrat

Ce gros agrume mesure entre 10 et 25 cm de diamètre et il peut parfois peser jusqu'à 2 kg ! Trop amer pour être mangé tel quel, il est délicieux transformé en gelées, confitures ou écorces confites. Ces dernières remplacent parfaitement celles de citron dans toutes les recettes sucrées. Le cédrat est cultivé en Asie et dans le bassin méditerranéen, notamment en Corse.

Le citron vert

Ce n'est pas un citron immature mais une variété différente, à l'écorce vert foncé. Sa pulpe vert clair, peu juteuse mais au goût puissant, parfume des cocktails, des préparations au poisson cru (comme les recettes tahitiennes ou les ceviches), des marinades (en Perse, mélangé avec du safran en filaments ou du lait de coco, il aromatise des filets de poulet), des soupes, des salades de légumes (n'oubliez pas la coriandre ciselée !), des poissons au four…

Le combava

Aussi orthographié kombava ou combawa, il est originaire d'Inde. Son écorce d'un vert profond est bosselée et possède un arôme intense rappelant celui de la citronnelle. Il est utilisé principalement à la Réunion, à Madagascar et en Asie du sud-est (Thaïlande, Cambodge, Vietnam…) : on fait mijoter le zeste dans des rougails de tomates ou des sauces pimentées, le jus (moins prisé car assez acide) est pressé dans des sauces, et les feuilles, infusées dans des plats ou des bouillons.

Le yuzu

Le yuzu ressemble à un pamplemousse de petite taille, avec une surface irrégulière, et sa couleur varie du vert au jaune en fonction de sa maturité. Cultivé au Japon et en Corée, il est devenu depuis une dizaine d'années le chouchou des chefs cuisiniers européens, qui craquent pour sa saveur de pamplemousse mêlée de notes de mandarine. Il relève ainsi des bouillons, des sauces de poisson, des desserts, des sorbets…

Le citron de Menton

Réputé pour sa douceur et son absence d'amertume, il ne s'agit pas d'une variété à part entière mais de plusieurs variétés de citronniers (les « Bignettes », les « Sériesqués » et les « Bullotins ») poussant dans la région de Menton. L'analyse de différents citrons d'une même variété, mais poussant à Nice, en Corse et à Menton, montre que ces derniers présentent un taux de limonène moins élevé et une teneur plus importante de paracymène, d'où une plus grande suavité, très appréciée des chefs cuisiniers. Juteux et parfumé, il arrive en février.

Les bons réflexes

Un citron, des dizaines de possibilités ! Selon les recettes, vous devrez en détacher les quartiers, le peler à vif, prélever son zeste… Voici les astuces à connaître et les gestes de base à maîtriser.

BIEN LES CHOISIR

Préférez les citrons bio, ou du moins non traités après récolte. Les autres sont souvent cueillis avant maturité et traités au diphényle, franchement pas recommandable (dans ce cas, mieux vaut les brosser sous l'eau chaude et bien les essuyer avant de les manipuler). Repérez les citrons dont l'écorce est fine, lisse, brillante, d'un jaune éclatant et tâtez-les : ils doivent être fermes et lourds en main. Évitez les citrons à peau épaisse et rugueuse car ils contiennent en général moins de chair (donc moins de jus). Des taches vertes indiquent un taux d'acidité plus élevé.

Les conserver plus longtemps

- ✓ À température ambiante, les citrons se conservent une ou deux semaines.
- ✓ Dans le bac à légumes du réfrigérateur, ils se gardent deux à trois semaines.
- ✓ Pour les conserver encore plus longtemps et les garder juteux, placez-les au réfrigérateur dans un récipient rempli d'eau fraîche que vous changerez tous les jours. Ils resteront pendant trois mois aussi frais que si vous veniez de les acheter.
- ✓ Les citrons verts se conservent mieux que les jaunes. Placez-les au réfrigérateur. Vous les garderez pendant un mois.

Éviter qu'un citron entamé se dessèche

- ✓ Posez la partie coupée sur une soucoupe et recouvrez d'un bol : à conserver 48 heures au réfrigérateur.
- ✓ Saupoudrez la chair de sel fin. Lors de la prochaine utilisation, il ne vous restera qu'à enlever la tranche de citron salée.
- ✓ Plongez le citron dans un verre d'eau, chair vers le bas.
- ✓ Si vous l'avez entièrement débarrassé de son zeste, plongez-le dans un verre rempli d'eau (changez-la tous les jours) et placez-le au réfrigérateur. Le fruit ne durcira pas et restera souple une semaine.

EN PROFITER JUSQU'À LA DERNIÈRE GOUTTE

- ✓ Dans votre panier à fruits, sélectionnez un citron souple au toucher, à l'écorce la plus fine possible, et roulez-le plusieurs fois d'avant en arrière en l'appuyant sous le plat de la main de manière à le ramollir et rompre la pulpe.
- ✓ Immergez-le dans l'eau chaude pendant 3 minutes (même traitement s'il est un peu desséché).
- ✓ Passez-le 15 secondes au micro-ondes avant de le presser.

Le truc de Danièle Festy, pharmacien

« Pour profiter de sa vitamine C, pressez le fruit au dernier moment. Bien protégée par l'écorce, la vitamine C reste intacte mais s'oxyde très vite dès qu'elle est à l'air libre. De même, si vous préparez un citron pressé, buvez-le aussitôt. »

L'ART D'ÉBOUILLANTER LES ZESTES

De petits morceaux de zestes qui croquent sous la dent dans un cake, un gâteau, une sauce, une pâte à tarte ? Drôlement bon. Mais pas question de prendre directement le zeste sur le citron, tel quel. Chaque fois qu'une recette en demande, ébouillantez vos zestes au préalable afin, d'une part, de les attendrir et, d'autre part (pour les citrons non bio), d'éliminer toutes les traces de traitements. Prélevez une (ou deux, ou trois, ou plus) bande de zeste sur le citron. Plongez-la dans une petite casserole d'eau bouillante pendant 30 secondes, égouttez, recommencez l'opération avec une eau propre puis égouttez à nouveau. Coupez en fines lanières ou hachez avant d'ajouter à votre préparation.

PELER À VIF UN CITRON

Tranchez les deux extrémités en prenant soin de bien dégager la chair. Puis tenez le citron posé verticalement et incisez de haut en bas en suivant la limite de la peau blanche avec un petit couteau d'office bien tranchant. Dégagez les segments en glissant la lame entre les membranes qui l'emprisonnent. Ces segments relèveront une salade (fruits ou légumes) ou une marinade.

ZESTER UN CITRON

Si vous utilisez un économe, attention à ne prendre que la surface de l'épiderme (zeste). Le ziste, membrane blanche légèrement cotonneuse, située entre le zeste et la pulpe, est amer. Le couteau zesteur est pratique car il permet de prélever seulement du zeste sans toucher au ziste. Idem avec une petite râpe.

Disposer de jus en permanence

Pressez des citrons et congelez aussitôt leur jus dans un bac à glaçons. Vous vous en servirez pour rafraîchir un verre d'eau ou de thé glacé, parfumer un sauté de veau ou de poulet, réveiller une salade de fruits…

Fabriquer un sucre parfumé

Un joli cadeau à offrir ! Prélevez des bandes de zestes de citron et faites-les sécher au four (idéalement, profitez du four éteint, juste après avoir fait cuire une autre recette). Quand les zestes sont bien secs (mais pas noirs, ne les laissez pas brûler), mixez-les dans un petit moulin puis mélangez-les avec du sucre de canne. Rangez dans un joli bocal. Vous pouvez aussi utiliser cette poudre de zeste non sucrée pour parfumer des pommes cuites au four, des compotes, des tartes, la pâte d'un gâteau…

Mon citron cuisine

Les 10 meilleures astuces de grand-mère

Le citron ne s'utilise pas que dans les plats. Son écorce et son jus vous aideront aussi à nettoyer, dégraisser, faire briller, désodoriser… Et comparé aux bouteilles de produits d'entretien, on ne fait pas plus écologique !

1. Les odeurs sur les mains

Vous avez manipulé du poisson, de l'ail, ou tout autre aliment à forte odeur ? Pour vous débarrasser des mauvaises odeurs, frottez vos mains avec la chair d'un demi-citron. Rincez. Ouf, ça va mieux !

2. LES MAUVAISES ODEURS DANS LA POUBELLE

Même nettoyée, votre poubelle en plastique continue à ne pas sentir très bon ? L'huile essentielle contenue dans l'écorce opère comme un excellent anti-odeur. Frottez les parois intérieures avec un demi-citron, rincez et séchez. Fini, l'odeur de marécage !

3. L'ODEUR DANS UN FOUR

Vous venez de cuire un poulet, une tartiflette, de la sauce a coulé et brûlé sur la lèchefrite ? Pour éliminer les odeurs qui peuvent résister, même après nettoyage, placez des écorces de citron sur la grille et chauffez le four à 150 °C (th. 5) jusqu'à ce que le citron brunisse. Une bonne odeur de propre aura pris la place.

4. LES SURFACES DOUTEUSES ET GRAISSEUSES DANS LA CUISINE

Versez quelques gouttes de jus de citron sur une éponge pour nettoyer le plan de travail ou votre gazinière. Le citron dégraisse mieux que tout autre produit acheté dans le commerce. L'astuce fonctionne aussi pour faire briller les couverts et éliminer les traces de gouttes d'eau.

5. Les légumes « tristouilles »

Pour relever des légumes vapeur ou des crudités que vous ne voulez pas noyer sous la vinaigrette ou la sauce, ajoutez quelques gouttes de jus de citron. Votre assiette pétillera de mille feux !

6. Des blancs en neige bien montés

Quelques gouttes de jus de citron dans vos blancs d'œufs leur permettront de mieux monter. Ajoutez-les à mi-parcours.

7. Les taches de gras

Gargl ! vous venez de renverser de la sauce sur votre chemise blanche ! Arrosez vite la tache de jus de citron puis passez le vêtement à la machine.

8. Des volailles toutes tendres

Vous êtes au régime et n'en pouvez plus des blancs de poulet archi-secs ? Faites-les mariner 30 minutes à 1 heure dans un plat avec des herbes fraîches ciselées, un peu de poivre ou les épices de votre choix, et un ou deux jus de citron, en fonction de la quantité de viande. Le jus de citron attendrira les chairs. Égouttez la viande, puis jetez dans votre poêle chaude : sa texture n'aura plus rien à voir.

9. LES RAISINS SECS TROP SECS ET SANS PARFUM

Pour redonner saveur et moelleux à des raisins trop secs et sans parfum, faites-les tremper 1 heure dans un bol d'eau chaude additionnée du jus d'un demi-citron.

10. LES FRUITS ET LÉGUMES QUI NOIRCISSENT UNE FOIS DÉCOUPÉS

Pour éviter que vos végétaux noircissent au contact de l'air une fois découpés, arrosez-les généreusement de jus de citron. Ainsi, ils ne s'oxyderont pas et garderont leurs belles couleurs. Pensez-y sur l'avocat (à déguster arrosé d'un simple trait de citron, essayez, c'est un vrai délice), les champignons, le céleri-rave, les pommes, poires et morceaux de banane dans la salade de fruits.

Les meilleurs compagnons du citron

DANS LA FAMILLE DES POISSONS ET FRUITS DE MER

Entre le citron et les poissons, c'est une grande histoire d'amour. Qu'il les fasse mariner (ceviche, carpaccio…) ou les assaisonne après cuisson (le petit filet qu'on rajoute dans son assiette sur un pavé vapeur par exemple), il y a du citron là où il y a du poisson.

- ✓ *La raie :* ajoutez une noisette de beurre, des câpres et un jus de citron. Vos artères vous diront merci : elles viennent d'échapper à la redoutable sauce au beurre noir (beurre cuit et recuit, jusqu'à devenir brun).
- ✓ *Le cabillaud et autres poissons blancs :* chauds, même traitement que la raie. Froids, accompagnez-les d'une sauce au yaourt (yaourt bulgare + jus de ½ citron vert + zestes râpés + sel et poivre). Simple, léger, efficace.
- ✓ *Le saumon (cru, fumé, mariné, cuit) et autres poissons gras :* ici, le citron allège le côté « gras » et apporte une saveur fraîche.
- ✓ *Les huîtres :* quelques gouttes de jus de citron sur l'huître ouverte permettent de vérifier que celle-ci est bien vivante. Si elle se rétracte, c'est bon !
- ✓ *Les crevettes (et tous les fruits de mer) :* en salade, ajoutez-leur un peu d'huile d'olive et du jus de citron. Sur un plateau, prévoyez des demi-citrons en abondance (et un peu moins de mayonnaise, ou pas du tout…). Idem pour les poêlées de la mer.

Dans la famille des viandes

Il ne nous viendrait jamais à l'idée d'arroser un steak haché ou du jambon de jus de citron. Le citron fonctionne néanmoins avec certaines viandes :

- ✓ *Le poulet et la dinde :* rôtis au four avec des rondelles de citron, coupés en morceaux et cuits avec du jus de citron et de l'ail, en papillote avec des zestes émincés, ou encore cuits vapeur et simplement arrosés de jus, le poulet et la dinde entretiennent une grande histoire avec le citron.

✓ *Le veau :* sa chair blanche apprécie d'être soulignée d'une sauce à la crème (allégée bienvenue) avec quelques zestes de citron râpés, ou mitonnée dans une sauce relevée de jus et de zestes de citron. Jaune ou vert, les deux fonctionnent.

✓ *L'agneau :* mijoté avec du citron confit, il se change en un petit plat parfumé, façon tajine. Personnalisez la recette en ajoutant des abricots secs ou des pruneaux, quelques olives vertes, une touche de cumin…

DANS LA FAMILLE DES LÉGUMES

Vous pouvez remplacer le vinaigre de vos vinaigrettes par la même quantité de jus de citron. Un filet de jus donnera aussi du goût à vos légumes vapeur ou vos crudités. En particulier :

✓ *L'avocat :* sa chair écrasée en guacamole et citronnée gardera sa fraîcheur.

✓ *Les carottes (et les crudités à râper : betterave, céleri-rave, choux blanc et rouge…) :* assaisonnez-les d'un mélange huile d'olive-jus de citron et, si vous avez le temps, laissez mariner une trentaine de minutes. Les crudités s'attendriront comme par magie. Et se digéreront aussi plus facilement.

✓ *Les salades vertes et les endives :* assaisonnez-les au dernier moment d'une vinaigrette huile d'olive-citron, parfumée selon l'envie du jour avec de l'échalote hachée, un peu d'ail pressé, du basilic ou encore de la ciboulette. Laissez mariner une salade « musclée » quelques minutes : le citron l'attendrira. Si vous préparez une tendre salade du jardin, faites-le au contraire au dernier moment.

Dans la famille des fruits

Le citron empêche les fruits coupés ou mixés de s'oxyder. Mais il rajoute aussi une saveur très agréable, qui donne du peps aux salades, compotes…

✓ *Les compotes (toutes) :* le jus de citron souligne les saveurs des fruits, notamment s'ils manquent un peu de maturité. Les zestes hachés donnent une petite note de croquant sous la dent. Un délice avec la compote de pommes, évidemment, mais aussi celle de rhubarbe, de poires, de pêches et d'abricots.

✓ *Les salades de fruits :* arrosez-les sys-té-ma-ti-que-ment de jus de citron. Les dés de pommes, de poires et de bananes ne feront pas grise mine, et les saveurs seront dopées.

✓ *La fraise :* une salade de fraises avec du miel et du jus de citron jaune, c'est délicieux. Encore plus si on y ajoute des zestes ciselés.

✓ *Les pommes et les poires cuites au four :* glissez des zestes émincés (ou de la poudre de zeste, voir p. 28) dans le fruit évidé. Quelques raisins secs, un voile de sucre de canne, de la cannelle, et hop ! au four.

✓ *Le coing :* jus de citron indispensable immédiatement après épluchage pour empêcher le noircissement de la chair. Pour des confitures ou des pâtes de coings bien claires, c'est encore lui.

Dans la famille des condiments

Le jus de citron a des affinités avec certains des flacons rangés dans vos placards. Mariez-les !

- ✓ *L'huile d'olive :* la vinaigrette estivale par excellence ! Un jus de citron fouetté avec un filet d'huile d'olive, un peu de fleur de sel, du poivre fraîchement moulu, et voilà une vinaigrette (sans vinaigre !) à utiliser sans modération sur toutes les entrées à base de poisson : salade de riz au thon, maquereaux ou sardines crus marinés, salade de crabe…
- ✓ *Les algues :* rappelez-vous, un jour où vous étiez d'humeur aventureuse, vous avez acheté un flacon de « paillettes d'algues » dont vous ne savez que faire aujourd'hui. Ne regrettez rien. Ajoutez-en quelques pincées dans la vinaigrette huile d'olive-citron que vous venez de préparer, et arrosez-en un filet de poisson froid, une salade de crevettes ou encore une salade verte. Un régal, non ?
- ✓ *La sauce soja :* préférez-la à teneur réduite en sel, et naturellement fermentée (Lima, Kikkoman). Fouettée avec du jus de citron, elle assaisonne les crudités et leur apporte une saveur très originale, le tout avec zéro matière grasse ajoutée, notez la prouesse !, ou enrobe d'une fine laque des aiguillettes de volaille à la poêle (voir recette p. 56).

Et aussi…

- ✓ *L'eau :* pour toutes celles et ceux qui ont du mal à boire de l'eau nature dans la journée. Ajoutez le jus d'un citron dans une bouteille d'un litre : l'eau sera beaucoup plus agréable et facile à boire.
- ✓ *Le thé :* pour certains, c'est un sacrilège. Pour d'autres, un trait de citron souligne la saveur et sauve un thé trop infusé et amer. Il aide même les

précieuses catéchines du thé vert, puissants aide-minceur et santé, à traverser l'appareil digestif et ainsi à être utilisées par l'organisme.

✓ *Le boulgour, le blé et le quinoa :* en salade froide, ces trois-là aiment être arrosés de citron. Dans ce cas, ils réclameront aussi des oignons blancs émincés et du persil.

✓ *Les desserts :* cakes, muffins, crêpes, biscuits sablés… tous adorent être parfumés au citron. Deux options : des zestes râpés ajoutés à la pâte pour une touche croquante en bouche, ou quelques gouttes d'huile essentielle pour « simplement » les aromatiser (le jus seul ne parfume pas assez et dilue la pâte, qui finit par moins bien cuire).

✓ *Le yaourt :* allégé, entier, brassé ou au lait de brebis, il se mélange avec un trait de citron et, selon vos goûts, des herbes (ciboulette, estragon, aneth, menthe…) ou des épices (curry, paprika, cumin…). Voici une petite sauce parfaite pour y tremper des bâtons de légumes à l'apéritif. Infiniment plus sain qu'un pot de sauce du commerce !

100 recettes magiques au citron

= recette extra-light

Mes crudités minceur complètement citronnées

AVOCATS FARCIS

Ventre plat, digestion facile

Pour 4 personnes
Préparation : 10 minutes
Sans cuisson

Ingrédients : 200 g de chair de crabe ; 2 avocats ; 1 citron vert ; 10 cl de lait de coco ; 1 c. à s. de sauce soja douce ; 1 pointe de couteau de pâte de piment ; menthe et coriandre fraîches.

- Égouttez le crabe. Pressez le citron. Fouettez le jus avec le lait de coco, la pâte de piment et la sauce soja. Coupez les avocats en deux, ôtez les noyaux et remplissez-les avec la préparation.
- Décorez de feuilles de menthe et de coriandre.

☆ Le conseil acidulé

Choisissez de la chair de crabe et non des miettes, vraiment pas chères mais vraiment pas savoureuses non plus. Pensez au crabe surgelé, qui donne de bons résultats, ou sinon, rabattez-vous sur des crevettes.

Carottes râpées aux deux agrumes

Belle peau, bonne mine

Pour 4 personnes
Préparation : 5 minutes
Cuisson : 1 minute

Ingrédients : 4 carottes ; 1 citron ; 1 orange ; sel, poivre.

- Prélevez deux bandes de zeste sur l'orange. Plongez-les dans une petite casserole d'eau bouillante pendant 30 secondes, égouttez, recommencez l'opération avec une eau propre puis égouttez à nouveau. Coupez-les en fines lanières.
- Pelez et râpez les carottes. Pressez le citron et la moitié de l'orange. Fouettez ces jus avec du sel et du poivre. Mélangez avec les carottes râpées et servez aussitôt.

Le conseil acidulé

Grâce à la douceur du jus d'orange, pas besoin d'ajouter d'huile. La touche en plus : parsemez de ciboulette ciselée ou d'amandes effilées légèrement dorées dans une poêle antiadhésive.

CAVIAR D'AUBERGINES

Anticholestérol, antioxydant

Pour 4 personnes
Préparation : 5 minutes
Cuisson : 25 minutes
Réfrigération : 1 heure

Ingrédients : 2 belles aubergines ; 1 gousse d'ail ; 1 yaourt brassé à 0 % ; 2 c. à s. d'huile d'olive ; ½ citron ; 4 c. à s. de coriandre ciselée ; sel.

- Préchauffez le four th. 7 (210 °C). Coupez les aubergines en deux dans le sens de la longueur. Incisez la chair en croisillons puis rangez les aubergines dans un plat huilé, peau vers le dessus et faites cuire 25 minutes environ.
- Laissez tiédir puis récupérez la chair à l'aide d'une cuillère. Mixez-la avec la gousse d'ail pelée et coupée en deux, le jus du citron, l'huile d'olive, le yaourt et le sel.
- Quand le mélange est lisse et homogène, versez dans un saladier et laissez refroidir, puis réservez 1 heure minimum au réfrigérateur.
- Au moment de servir, parsemez de coriandre ciselée.

☆ Le conseil acidulé

Servez très frais, avec des bâtons de légumes à tremper, comme condiment avec des brochettes de poulet, ou sur de fines tranches de pain toastées pour l'apéritif.

Citrons farcis au thon et aux câpres

Super-minceur

Pour 4 personnes
Préparation : 25 minutes
Sans cuisson
Réfrigération : 30 minutes

Ingrédients : 2 gros citrons avec une écorce épaisse ; 150 g de thon au naturel ; 1 petite échalote ; 1 c. à s. de fromage blanc à 0 % ; 2 c. à s. de câpres ; 2 c. à s. de ciboulette ciselée ; 2 pincées de piment de Cayenne ; sel.

- Rincez et essuyez les citrons. Coupez-les en deux dans le sens de la longueur et retirez la pulpe sans percer l'écorce. Réservez 2 c. à s. de jus. Ôtez les membranes blanches des quartiers et coupez-les en dés.
- Dans un saladier, écrasez le thon avec la pulpe de citron et le jus réservés, le fromage blanc, les câpres, l'échalote finement hachée, la ciboulette, le piment de Cayenne et du sel.
- Remplissez les écorces de citron et réservez 30 minutes au réfrigérateur.

Le conseil acidulé

Cette entrée peut tout à fait être préparée la veille, elle sera même meilleure puisque les saveurs auront eu le temps de se mélanger. Il suffit de placer les citrons au réfrigérateur sous un film plastique.

GUACAMOLE

Anticholestérol, antioxydant

Pour 4 personnes
Préparation : 10 minutes
Sans cuisson

Ingrédients : 2 avocats bien mûrs ; 1 tomate ; ½ oignon rouge ; 1 pincée de piment de Cayenne ; 1 citron ; 2 c. à s. de persil ciselé ; sel.

- Pressez le citron, pelez et hachez finement l'oignon. Rincez la tomate, coupez-la en tout petits dés.
- Pelez les avocats, ôtez les noyaux et écrasez leur chair à l'aide d'une fourchette. Ajoutez le jus de citron, l'oignon, le persil, le piment de Cayenne, salez. Incorporez les dés de tomate. Servez aussitôt.

☆ Le conseil acidulé

Grand classique mexicain, le guacamole peut se servir en entrée, avec des quartiers de tomates, mais aussi en apéritif, pour y tremper des bâtonnets de légumes. Si vous aimez les saveurs très relevées, augmentez les proportions de piment de Cayenne.

Poivrons marinés à l'ail et au citron

Anticholestérol, protection cardiaque, régime crétois

Pour 4 personnes
Préparation : 10 minutes
Cuisson : 20 minutes
Marinage : 12 heures

Ingrédients : 3 poivrons rouges ; 3 poivrons jaunes ; 6 olives noires dénoyautées ; 1 citron ; 1 gousse d'ail ; 5 c. à s. d'huile d'olive ; sel, poivre.

- Faites cuire les poivrons 20 minutes environ au four th. 7 (210 °C) jusqu'à ce que leur peau boursoufle et brunisse. Retirez-les du four, laissez tiédir puis pelez-les et épépinez-les. Épluchez la gousse d'ail et coupez-la en fines tranches.
- Coupez les poivrons en lanières et mettez-les dans un saladier avec les olives noires, l'ail, le jus du citron et l'huile d'olive. Salez, poivrez, mélangez délicatement, couvrez et faites mariner 12 heures au réfrigérateur.

☆ Le conseil acidulé

Une idée : ajoutez du persil et des anchois marinés (au rayon frais, à côté des pots de tarama et du saumon fumé) au moment de servir.

SALADE DE CHAMPIGNONS COUPE-FAIM

Super-minceur, ventre plat

Pour 4 personnes
Préparation : 10 minutes
Sans cuisson

Ingrédients : 300 g de champignons de Paris ; 1 citron ; 2 c. à s. d'huile d'olive ; 1 c. à s. de ciboulette ciselée ; sel, poivre.

- Pressez le citron et fouettez le jus avec l'huile d'olive, du sel et du poivre. Nettoyez les champignons, ôtez les pieds. Détaillez têtes et pieds des champignons en lamelles.
- Arrosez aussitôt de vinaigrette, mélangez délicatement et parsemez de ciboulette.

☆ Le conseil acidulé

Préparez cette salade juste avant le repas, sinon les champignons confisent dans la sauce, se ramollissent et perdent de leur charme.

SALADE DE CHOU ROUGE AUX AMANDES

Protection cardiaque, anticholestérol

Pour 4 personnes
Préparation : 10 minutes
Sans cuisson

Ingrédients : ¼ de chou rouge ; 20 amandes entières non pelées ; 1 citron ; 2 c. à s. d'huile de noix ; 1 c. à s. de ciboulette ciselée ; sel, poivre.

- Rincez le chou et émincez-le finement. Pressez le citron, fouettez le jus avec l'huile de noix dans un saladier, salez, poivrez.
- Ajoutez le chou émincé et les amandes, mélangez et parsemez de ciboulette.

☆ Le conseil acidulé

N'hésitez pas à passer les amandes quelques minutes au four, ou dans une poêle antiadhésive, de façon à les rendre bien croquantes. Mais ne les laissez pas noircir.

SALADE DE COURGETTES GRILLÉES À LA FETA

Ventre plat, régime crétois

Pour 4 personnes
Préparation : 10 minutes
Cuisson : 15 minutes
Réfrigération : 1 heure

Ingrédients : 3 courgettes ; 4 c. à s. d'huile d'olive ; ½ citron ; quelques pincées d'herbes de Provence ; 100 g de feta ; sel, poivre.

- Préchauffez le four th. 7 (210 °C). Ôtez les extrémités des courgettes, coupez-les en rondelles. Déposez-les sur une plaque, versez l'huile en filet, salez, poivrez et faites cuire 15 minutes en les retournant à mi-cuisson.
- Quand les courgettes sont cuites, laissez-les refroidir. Mettez-les dans un saladier et arrosez-les de jus de citron et ajoutez les herbes de Provence. Mélangez et placez 1 heure au réfrigérateur. Ajoutez la feta coupée en dés et mélangez une dernière fois avant de servir.

Le conseil acidulé

Cette salade gagne à être préparée à l'avance. Si vous le pouvez, faites-la la veille pour le lendemain.

SALADE PRINTANIÈRE

Transit facile, immunité

Pour 4 personnes
Préparation : 10 minutes
Sans cuisson

Ingrédients : 4 feuilles de batavia ; 12 radis roses ; 12 tomates-cerises ; ½ concombre ; 6 champignons de Paris ; 1 citron ; 2 c. à s. d'huile d'olive ; 1 c. à c. d'aneth ciselé ; sel, poivre.

- Rincez, essorez et émincez les feuilles de salade. Nettoyez les radis, tranchez-les en rondelles. Coupez les tomates-cerises en deux, le concombre en dés et les champignons de Paris en lamelles.
- Fouettez le jus du citron avec l'huile, l'aneth, le sel et le poivre. Mélangez le tout dans un saladier.

Le conseil acidulé

Préparez cette recette au dernier moment, pour que la salade et les champignons n'aient le temps ni de noircir, ni de ramollir.

SALADE TRICOLORE

Oméga 3, protection cardiaque

Pour 4 personnes
Préparation : 10 minutes
Sans cuisson

Ingrédients : 2 belles endives rouges ; 1 pomme verte ; 50 g de roquefort ; ½ citron ; 2 c. à s. d'huile de noix ; 6 noix ; sel, poivre.

- Cassez les noix et récupérez les éclats. Pressez le citron, mélangez le jus avec l'huile, du sel et du poivre.
- Rincez, séchez et émincez finement les endives. Arrosez immédiatement de vinaigrette. Rincez soigneusement la pomme et séchez-la. Coupez-la en quartiers, ôtez les pépins puis retaillez la chair en dés ainsi que le roquefort.
- Ajoutez le tout dans la salade avec les éclats de noix, remuez délicatement et servez aussitôt.

Le conseil acidulé

Les endives rouges sont parfaites pour cette recette, grâce à leur couleur et leur saveur douce. Mais des jaunes font tout aussi bien l'affaire.

SOUPE DÉTOX AU POULET ET AU CITRON

Minceur, anticholestérol

Pour 4 personnes
Préparation : 10 minutes
Cuisson : 15 minutes

Ingrédients : 250 g de blancs de poulet ; 150 g de germes de soja ; 1 gousse d'ail ; 3 oignons ; 1 c. à s. de gingembre râpé ; 2 citrons ; 2 c. à s. de coriandre ciselée ; 1 l de bouillon de légumes ; 1 pointe de couteau de pâte de piment.

- Coupez le poulet en petites lanières. Pelez et pressez l'ail. Versez le bouillon de légumes dans une casserole et chauffez-le avec le gingembre râpé, l'ail et les oignons émincés. Quand il frémit, ajoutez les morceaux de poulet et faites-les pocher 8 à 10 minutes sur feu doux.
- Ajoutez les germes de soja, le jus des citrons et le piment. Servez parsemé de coriandre.

☆ Le conseil acidulé

Si possible, préparez vous-même votre bouillon de légumes. Sinon, on en trouve désormais en grandes surfaces sous forme de sachets à infuser, remarquables d'un point de vue de la composition. À défaut, rabattez-vous sur un cube de bouillon de légumes bio.

Tartinade aux fèves

Protection cancer

Pour 4 personnes
Préparation : 5 minutes
Cuisson : 8 minutes

Ingrédients : 500 g de fèves fraîches ou surgelées ; ½ gousse d'ail ; ½ citron ; ½ c. à c. de cumin en poudre ; 2 c. à s. d'huile d'olive ; sel, poivre.

- Faites cuire les fèves 8 minutes à l'eau bouillante salée. Égouttez et ôtez la peau s'il s'agit de fèves fraîches.
- Mixez-les avec l'ail pressé, le jus de citron, le cumin, l'huile d'olive, du sel et du poivre.

Le conseil acidulé

Servez cette tartinade sur de fines tranches de pain grillé, ou comme sauce pour tremper des bâtons de légumes.

Mes viandes préférées au citron

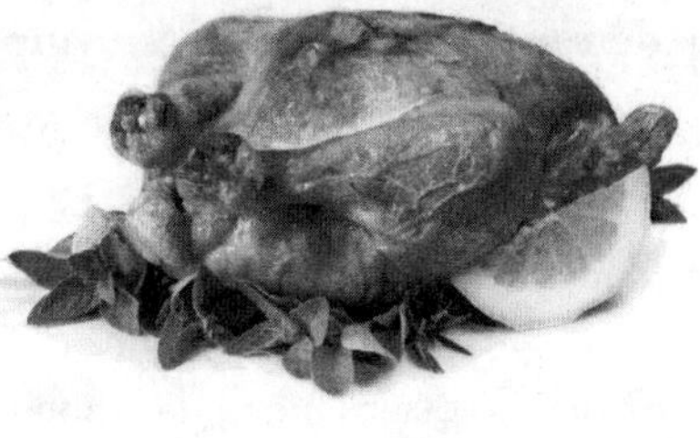

AIGUILLETTES DE POULET AU SOJA ET AU SÉSAME

Super-minceur, anticholestérol

Pour 4 personnes
Préparation : 5 minutes
Cuisson : 10 à 15 minutes

Ingrédients : 16 aiguillettes de poulet ; 10 cl de jus de citron ; 4 c. à s. de sauce soja douce ; 1 c. à s. d'huile d'olive ; 1 c. à s. de graines de sésame.

- Chauffez l'huile dans une sauteuse. Jetez-y les aiguillettes et faites-les dorer 1 minute en remuant.
- Versez la sauce soja, le jus de citron, mélangez puis baissez le feu et faites mijoter sur feu très doux jusqu'à ce que le jus caramélise (10 minutes environ).
- Remuez délicatement les aiguillettes de façon à les enrober de sauce des deux côtés. Saupoudrez de sésame.

☆ Le conseil acidulé

Servez avec un riz basmati ou une poêlée de brocolis. Vous pourrez aussi ajouter un peu de ciboulette ciselée sur le tout.

Brochettes de dinde marinées au paprika

Super-minceur, antioxydant, digestion facile

Pour 4 personnes
Préparation : 10 minutes
Cuisson : 15 minutes
Marinage : 1 heure

Ingrédients : 600 g de blanc de dinde en un seul morceau ; 1 poivron rouge ; 2 gousses d'ail ; 1 citron ; 1 c. à s. de paprika doux ; 2 c. à s. d'huile d'olive.

- Pelez et pressez l'ail. Mélangez le paprika avec l'huile, l'ail pressé et le jus du citron. Coupez la viande en cubes de 3 cm de côté et mélangez-les avec la préparation. Couvrez et faites mariner 1 heure au réfrigérateur.
- Préchauffez le four th. 7 (210 °C). Coupez le poivron rouge en carrés. Enfilez les cubes de dinde en alternant avec les carrés de poivron et faites cuire 15 minutes au four.

Le conseil acidulé

Servez avec du boulgour agrémenté de raisins secs.

CUISSE DE DINDE À L'ORIGAN

Bonne nuit, ventre plat

Pour 4 personnes
Préparation : 5 minutes
Cuisson : 1 heure

Ingrédients : 1 cuisse de dinde (1 kg) ; 3 citrons ; 1 c. à s. d'origan ; sel, poivre.

- Préchauffez le four th. 7 (210 °C). Déposez la cuisse de dinde dans un plat à four, arrosez-la avec le jus de 2 citrons. Coupez le citron restant en rondelles, répartissez-les sur la cuisse, poivrez, parsemez d'origan, versez 2 verres d'eau dans le plat et enfournez 30 minutes.
- Retournez la cuisse, arrosez-la de jus, remettez des rondelles de citron sur le dessus, salez et laissez encore 30 minutes.

☆ Le conseil acidulé

Arrosez souvent la cuisse avec du jus en cours de cuisson. Servez-la avec des pommes de terre cuites à la vapeur ou des tagliatelles complètes.

Curry de veau à l'ananas et au citron vert

Ventre plat, antioxydant

Pour 4 personnes
Préparation : 10 minutes
Cuisson : 30 minutes

Ingrédients : 600 g de filet mignon de veau ; 8 tranches d'ananas ; 20 cl de lait de coco ; 1 citron vert ; 1 c. à s. de curry ; 2 c. à s. d'huile d'olive ; sel, poivre.

- Coupez la viande en morceaux ainsi que l'ananas. Chauffez l'huile dans une sauteuse. Faites-y dorer les morceaux de viande, puis ajoutez l'ananas, salez, poivrez et poudrez de curry. Versez le lait de coco, baissez le feu, couvrez et laissez mijoter pendant 20 minutes.
- Pendant ce temps, prélevez trois bandes de zeste sur le citron. Plongez-les dans une petite casserole d'eau bouillante pendant 30 secondes, égouttez, recommencez l'opération avec une eau propre puis égouttez à nouveau. Coupez en fines lanières.
- Ajoutez les zestes dans la sauteuse et poursuivez la cuisson 10 minutes.

☆ Le conseil acidulé

Servez très chaud avec du riz basmati. Ou, pour une version 100 % light, avec des brocolis vapeur.

POULET PRESQUE LAQUÉ AU THYM ET AU CITRON

Spécial voies respiratoires, antistress

Pour 4 personnes
Préparation : 5 minutes
Cuisson : 15 à 20 minutes

Ingrédients : 4 blancs de poulet ; 2 citrons ; 2 c. à s. de miel de lavande ; 2 c. à s. d'huile d'olive ; 1 c. à c. de thym ; sel, poivre.

- Chauffez l'huile dans une poêle et faites-y dorer les blancs de poulet 3 minutes de chaque côté. Parsemez de thym.
- Ajoutez le jus des citrons et le miel, salez, poivrez et faites mijoter 10 minutes sur feu doux de façon à obtenir une sauce sirupeuse.

☆ Le conseil acidulé

Une recette aux parfums du Midi, à servir avec des tagliatelles ou des tomates à la provençale.

Sauté de bœuf à la coriandre et au citron vert

Antifatigue, anti-inflammations, digestion facile

Pour 4 personnes
Préparation : 10 minutes
Cuisson : 10 minutes

Ingrédients : 300 g de bœuf ; 250 g de nouilles de riz ; 1 oignon ; 1 c. à s. de gingembre frais râpé ; 2 carottes ; 2 c. à s. de coriandre ciselée ; 2 citrons verts ; 2 c. à s. d'huile d'olive ; 6 c. à s. de sauce soja douce.

- Faites cuire les nouilles de riz selon les indications de temps données sur l'emballage.
- Pelez et émincez l'oignon. Pelez et râpez les carottes sur une râpe à gros trous. Chauffez l'huile dans une grande sauteuse ou un wok. Coupez le bœuf en fines lanières et faites-les sauter 2 minutes, juste le temps de colorer les deux faces.
- Ôtez aussitôt de la poêle et jetez-y l'oignon, les carottes, le gingembre et la sauce soja. Faites cuire 5 minutes en remuant puis ajoutez les nouilles égouttées et le bœuf. Mélangez délicatement, parsemez de coriandre et servez avec un demi-citron vert par personne : chacun pressera le jus directement dans son assiette.

➔

☆ Le conseil acidulé

Surveillez bien la cuisson des nouilles de riz, qui doivent rester *al dente*. Autre option, essayez les vermicelles de soja, translucides et croquants sous la dent.

Poulet rôti au citron

Antifatigue, antistress, anticholestérol

Pour 4 personnes
Préparation : 10 minutes
Cuisson : 1 heure

Ingrédients : 1 poulet fermier ; 2 gousses d'ail ; 3 citrons ; 2 c. à s. d'huile d'olive ; sel, poivre.

- Préchauffez le four th. 7 (210 °C). Épluchez les gousses d'ail et coupez-les en deux. Piquez-les dans le poulet. Pressez un citron. Glissez les deux moitiés pressées à l'intérieur du poulet.
- Disposez-le dans un plat à four, badigeonnez-le d'huile d'olive, salez, poivrez, coupez les autres citrons en quartiers et mettez-les autour du poulet. Ajoutez 2 verres d'eau et le jus du citron.
- Enfournez 20 minutes puis baissez sur th. 6 (180 °C) et faites cuire encore 1 heure.

Le conseil acidulé

Le secret d'un poulet fondant : l'arroser très régulièrement, en rajoutant de l'eau si besoin en cours de cuisson. Avant de servir, laissez-le reposer 10 minutes sous une feuille de papier-alu : il ne refroidira pas et sa chair gagnera en tendreté.

SAUTÉ DE VEAU TOMATO-CITRONNÉ

Protection cardiaque, minceur

Pour 4 personnes
Préparation : 5 minutes
Cuisson : 30 minutes

Ingrédients : 500 g de sauté de veau ; 1 citron + 1 pour le service ; 2 branches de thym ; 1 feuille de laurier ; 2 c. à s. d'huile d'olive ; 4 c. à s. de tomates concassées ; sel, poivre.

- Chauffez l'huile dans une sauteuse. Salez et poivrez les morceaux de veau, saisissez-les à feu vif puis ajoutez le jus du citron, le thym, le laurier et les tomates concassées. Laissez cuire 30 minutes environ.
- Ôtez les branches de thym et le laurier, servez avec des quartiers de citrons.

☆ Le conseil acidulé

Pas de veau ? Du sauté de dinde fera très bien l'affaire. Servez avec des pommes de terre vapeur.

Sauté de porc au gingembre et au citron vert

Tonus

Pour 4 personnes
Préparation : 15 minutes
Cuisson : 15 à 20 minutes

Ingrédients : 400 g de filet mignon de porc ; 1 citron vert ; 1 c. à c. de gingembre frais râpé ; 100 g de noix de cajou ; 1 oignon ; 2 c. à s. de coriandre ciselée ; 2 c. à s. d'huile d'olive ; sel, poivre.

- Prélevez deux bandes de zeste sur le citron. Plongez-les dans une petite casserole d'eau bouillante pendant 30 secondes, égouttez, recommencez l'opération avec une eau propre puis égouttez à nouveau. Coupez les zestes en fines lanières.
- Coupez le filet mignon en cubes. Pelez et émincez l'oignon. Chauffez l'huile dans une sauteuse et faites-y dorer les cubes de viande. Ajoutez l'oignon, le gingembre, le zeste de citron vert, du sel et du poivre. Pressez la moitié du citron par-dessus puis faites cuire à feu doux 10 à 15 minutes, en remuant régulièrement.
- Pendant ce temps, faites dorer les noix de cajou quelques instants dans une poêle antiadhésive, sans ajout de matière grasse et sans les laisser noircir.
- Dès que la viande est cuite, parsemez de noix de cajou et de coriandre.

➔

☆ Le conseil acidulé

Le filet mignon est très maigre, à l'inverse de tous les autres morceaux de porc utilisés traditionnellement dans les poêlées. Accompagnez d'un riz basmati.

SOURIS D'AGNEAU EXPRESS

Antimicrobes

Pour 4 personnes
Préparation : 10 minutes
Cuisson : 45 minutes

Ingrédients : 4 souris d'agneau ; 4 c. à s. de miel ; 2 c. à s. de romarin haché ; 3 gousses d'ail ; 2 citrons ; 2 c. à s. d'huile d'olive ; sel, poivre.

- Prélevez trois bandes de zeste sur un citron. Plongez-les dans une petite casserole d'eau bouillante pendant 30 secondes, égouttez, recommencez l'opération avec une eau propre puis égouttez à nouveau. Coupez en fines lanières.
- Pressez les citrons, mélangez le jus avec le miel et le romarin. Pelez et pressez les gousses d'ail.
- Chauffez l'huile dans une cocotte, ajoutez l'ail et faites dorer les souris de chaque côté, sur feu assez vif.
- Baissez le feu, versez le mélange citronné, ajoutez les zestes et deux verres d'eau. Salez, poivrez. Couvrez la cocotte et laissez mijoter 45 minutes sur feu doux.

☆ Le conseil acidulé

Facilitez-vous les courses en utilisant des souris d'agneau surgelées, et en les faisant décongeler totalement avant de les préparer. Servez avec de la semoule complète.

TAJINE DE POULET AU CITRON CONFIT

Antioxydant, anticholestérol

Pour 4 personnes
Préparation : 10 minutes
Cuisson : 25 minutes

Ingrédients : 1 poulet coupé en morceaux ; 2 gousses d'ail ; 1 gros oignon ; 400 g de tomates concassées ; 4 citrons confits ; 20 olives vertes dénoyautées ; 2 c. à s. d'huile d'olive ; 1 c. à c. de paprika ; sel, poivre.

- Chauffez l'huile dans une poêle, faites-y dorer les morceaux de poulet sur toutes les faces. Jetez le gras rendu et réservez la viande dans un plat.
- Pelez et émincez l'oignon et l'ail. Faites-les revenir dans la poêle, puis ajoutez les tomates concassées, le paprika et les olives. Laissez mijoter 5 minutes puis ajoutez les citrons confits coupés en dés et le poulet. Poursuivez la cuisson 15 minutes sur feu doux.

☆ Le conseil acidulé

Accompagnez le tajine de semoule complète. Pour une version superlight, remplacez le poulet en morceaux par des blancs de poulet en cubes.

Tandoori des débutants

Bon pour les os, bon pour la flore intestinale, anti-inflammatoire

Pour 4 personnes
Préparation : 15 minutes
Cuisson : 1 h 20
Marinage : 2 heures

Ingrédients : 4 cuisses de poulet ; 4 c. à s. de pâte tandoori ; 1 citron ; 2 gousses d'ail ; 3 yaourts veloutés nature ; 1 c. à s. de menthe ciselée ; sel, poivre.

- Ôtez la peau des cuisses de poulet et, à l'aide d'un couteau, pratiquez des incisions dans la chair (profondes de 5 mm et tous les 2 cm).
- Pelez et pressez les gousses d'ail, pressez le citron. Mélangez 2 yaourts, la pâte tandoori, le jus de citron et les gousses d'ail. Badigeonnez-en les cuisses de poulet et faites mariner 2 heures au réfrigérateur. Préchauffez le four th. 6 (180 °C). Enveloppez chaque cuisse dans du papier-alu et faites cuire 1 heure. Allumez le gril du four, sortez les cuisses de l'alu, disposez-les avec leur sauce dans un plat et faites grillez 20 minutes en retournant à mi-cuisson.
- Servez avec une sauce faite avec le dernier yaourt mélangé avec la menthe, du sel et du poivre.

Le conseil acidulé

Vous pouvez aussi prendre des pilons et des ailerons de poulet : comptez alors 2 ou 3 morceaux par personne.

Mes petits poissons trop bons

BLÉ SAUTÉ AUX ENCORNETS

Énergie longue durée, stop-faim

Pour 4 personnes
Préparation : 10 minutes
Cuisson : 10 + 15 minutes

Ingrédients : 250 g de blé à cuire type Ebly ; 500 g de têtes et pattes d'encornets surgelés ; ½ oignon ; 1 gousse d'ail ; 1 c. à s. d'huile d'olive ; 1 citron ; 1 c. à s. de ciboulette ciselée ; sel, poivre.

- Faites décongeler les encornets selon les instructions de l'emballage (10 minutes environ à la casserole avec un fond d'eau). Égouttez.
- Faites cuire le blé à l'eau bouillante salée selon les indications du paquet (10 minutes environ), égouttez. Pelez et émincez l'ail et l'oignon. Chauffez l'huile dans une sauteuse, ajoutez l'ail, l'oignon et les encornets et faites revenir le tout 2 minutes en remuant.
- Versez le jus du citron, du sel, du poivre et ajoutez enfin le blé et la ciboulette.

☆ Le conseil acidulé

Évitez de trop faire cuire les encornets pour ne pas les rendre caoutchouteux.

BROCHETTES DE SAINT-JACQUES

Anticholestérol, super-minceur

Pour 4 personnes
Préparation : 10 minutes
Cuisson : 5 minutes

Ingrédients : 16 belles noix de Saint-Jacques ; 2 c. à s. d'huile d'olive ; 2 citrons ; 1 c. à s. de ciboulette ciselée ; sel, poivre.

- Pelez les citrons à l'aide d'un économe afin de récupérer la totalité des zestes sous forme de bandes. Plongez-les dans une petite casserole d'eau bouillante pendant 30 secondes, égouttez, recommencez l'opération avec une eau propre puis égouttez à nouveau.
- Piquez les Saint-Jacques sur des brochettes en intercalant une bande de zeste pliée en deux entre chaque.
- Badigeonnez-les d'huile d'olive, poivrez. Chauffez une poêle antiadhésive et faites dorer les brochettes 2 minutes de chaque côté, jusqu'à ce que les Saint-Jacques dorent.
- Salez légèrement et parsemez de ciboulette. Servez aussitôt.

☆ Le conseil acidulé

Servez avec un riz basmati, du quinoa ou, pour une version « plat super-minceur », une salade de roquette.

Carpaccio de Saint-Jacques citron-coriandre

Super-minceur, vitaminé, bon pour le métabolisme

Pour 4 personnes
Préparation : 10 minutes
Sans cuisson
Réfrigération : 2 heures

Ingrédients : 12 belles noix de Saint-Jacques ; 1 citron vert ; 2 clémentines ; 1 c. à s. de coriandre fraîche ciselée ; sel, poivre.

- À l'aide d'un couteau, taillez les noix de Saint-Jacques en fines tranches dans le sens de l'épaisseur.
- Pressez les clémentines et le citron vert. Versez le jus dans un plat creux (en veillant à ôter les pépins s'il y en a !). Ajoutez la coriandre et déposez-y les tranches de Saint-Jacques. Couvrez de film étirable et réservez 2 heures au réfrigérateur.
- Servez bien frais, en salant et en poivrant au dernier moment.

Le conseil acidulé

Pour cette recette, choisissez des noix aussi grosses que possible. Mettez-les au congélateur 30 minutes avant de les découper, l'opération sera beaucoup plus facile. Accompagnez le carpaccio d'une salade de mâche.

CASSOLETTE DE POISSON

Bon pour le métabolisme, coupe-faim, léger

Pour 4 personnes
Préparation : 10 minutes
Cuisson : 15 minutes

Ingrédients : 400 g de cubes de poissons mélangés ; 200 g de crevettes cuites et décortiquées ; 40 cl de fumet de poisson ; 3 c. à s. de vin blanc sec ; 40 g de Maïzena ; 1 citron ; sel, poivre.

- Prélevez trois bandes de zeste sur le citron. Plongez-les dans une petite casserole d'eau bouillante pendant 30 secondes, égouttez, recommencez l'opération avec une eau propre puis égouttez à nouveau. Coupez en fines lanières.
- Portez le fumet de poisson et le vin blanc à ébullition. Baissez le feu puis faites pocher les morceaux de poisson pendant 8 minutes. Ôtez du bouillon à l'aide d'une écumoire.
- Délayez la maïzena avec un peu d'eau froide et versez dans le bouillon en mélangeant. Laissez cuire sans cesser de remuer pendant 2 à 3 minutes, le temps que le bouillon épaississe.
- Ajoutez le jus du citron, les zestes, salez, poivrez et mélangez. Remettez le poisson et les crevettes et mélangez délicatement.

→

☆ Le conseil acidulé

Servez avec des épinards (en saison, achetez des épinards frais et faites-les fondre à la poêle).

Pour le fumet, choisissez un sachet de bouillon à faire infuser (Ariake, grandes surfaces) totalement dépourvu d'exhausteurs de goût et autres additifs.

CEVICHE EXPRESS

Super-minceur, brûle-graisses

Pour 4 personnes
Préparation : 10 minutes
Cuisson : 1 minute
Réfrigération : 3 heures

Ingrédients : 2 filets de cabillaud ; 1 tomate ; 1 citron vert ; ½ oignon rouge ; 1 c. à s. de persil ciselé (ou de coriandre) ; sel, poivre 5 baies.

- Rincez les filets de poisson et séchez-les délicatement avec un papier absorbant. Coupez-les en petits dés.
- Prélevez deux bandes de zeste sur le citron. Plongez-les dans une petite casserole d'eau bouillante pendant 30 secondes, égouttez, recommencez l'opération avec une eau propre puis égouttez à nouveau. Coupez en fines lanières.
- Pressez le citron, mélangez le jus et les zestes avec le poisson ainsi que le persil (ou la coriandre) et un peu de poivre. Couvrez et faites mariner 3 heures environ au réfrigérateur.
- Détaillez la tomate en dés, ôtez les pépins. Pelez l'oignon rouge et coupez-le en petits dés.
- Au moment de servir, salez le poisson et servez-le parsemé de dés de tomate et d'oignon.

☆ Le conseil acidulé

Demandez à votre poissonnier un morceau de poisson extra-frais, en lui précisant que vous le mangerez cru.

Comme une blanquette de saumon au citron

Bonne humeur, oméga 3

Pour 4 personnes
Préparation : 15 minutes
Cuisson : 20 minutes

Ingrédients : 500 g de saumon ; 1 gros poireau ; 4 carottes ; 4 pommes de terre ; 1 citron ; 2 c. à s. rases de Maïzena ; 10 cl de crème liquide à 8 % ; 2 c. à s. de ciboulette ciselée ; sel, poivre.

- Détaillez le blanc de poireau en tronçons, pelez et coupez les carottes et les pommes de terre en rondelles.
- Mettez les légumes, du sel et du poivre dans une cocotte. Couvrez d'eau à hauteur et faites cuire sur feu doux 10 à 15 minutes.
- Coupez le saumon en cubes et plongez-les 3 minutes dans le bouillon. Égouttez le tout à l'aide d'une écumoire, déposez dans un plat et couvrez d'alu pour garder la chaleur. Mesurez 20 cl de bouillon.
- Délayez la Maïzena avec un peu d'eau froide, versez dans le bouillon et faites cuire sans cesser de fouetter, jusqu'à ce que la sauce épaississe. Ajoutez la crème, le jus et les zestes de citron, mélangez, nappez-en le poisson et les légumes et parsemez de ciboulette.

☆ Le conseil acidulé

Pour une version extra-minceur, remplacez les pommes de terre par des navets.

CROQUETTES DE POISSON AU CITRON

Spécial enfants

Pour 4 personnes
Préparation : 10 minutes
Cuisson : 15 + 5 minutes

Ingrédients : 500 g de pommes de terre ; 250 g de colin cuit et froid ; 1 c. à s. de persil ciselé ; 1 gousse d'ail ; 1 citron ; 4 c. à s. de farine ; 2 c. à s. d'huile d'olive ; sel, poivre.

- Prélevez trois bandes de zeste sur le citron. Plongez-les dans une petite casserole d'eau bouillante pendant 30 secondes, égouttez, recommencez l'opération avec une eau propre puis égouttez à nouveau. Hachez-les finement. Pelez et pressez l'ail.
- Faites cuire les pommes de terre 15 minutes à la vapeur, avec leur peau, puis épluchez-les. Écrasez-les à l'aide d'une fourchette avec le poisson détaché en morceaux, le persil, l'ail et le zeste de citron. Salez, poivrez et façonnez des boulettes. Passez-les dans la farine, donnez-leur la forme de croquettes. Chauffez l'huile dans une poêle antiadhésive et faites-les dorer 2 minutes environ de chaque côté.

☆ Le conseil acidulé

Vous pouvez préparer les croquettes à l'avance et les réchauffer au four. Accompagnez de quartiers de citron et de salade verte.

DORADE À LA LIBANAISE

Minceur, anticholestérol, régime crétois

Pour 4 personnes
Préparation : 10 minutes
Cuisson : 25 à 30 minutes

Ingrédients : 1 grosse dorade de 800 g environ, vidée et nettoyée ; 1 courgette ; 2 tomates allongées ; 2 petits citrons confits ; 1 c. à c. de grains de cumin ; 1 citron ; 2 c. à s. d'huile d'olive ; poivre.

- Préchauffez le four th. 7 (210 °C). Rincez les légumes, ôtez les extrémités de la courgette et coupez-la en rondelles ainsi que les tomates. Détaillez un citron confit en petits dés. Mélangez le tout avec 1 c. à s. d'huile, le cumin et du poivre, puis étalez dans un plat à four.
- Déposez la dorade sur le lit de légumes, recouvrez-la du citron confit restant, coupé en fines rondelles, versez le reste d'huile et le jus du citron. Recouvrez d'une feuille de papier-alu et enfournez 15 minutes. Ôtez la feuille et faites cuire encore 10 minutes.

Le conseil acidulé

Parsemez de thym à la sortie du four et servez avec du boulgour.

Surveillez la cuisson : un poisson trop cuit, ce n'est franchement pas bon.

Maquereaux au four

Bonne humeur, oméga 3

Pour 4 personnes
Préparation : 5 minutes
Cuisson : 10 minutes

Ingrédients : 4 filets de maquereaux ; 1 gousse d'ail ; 2 c. à s. d'huile d'olive ; 1 citron ; quelques pincées de piment d'Espelette ; 1 c. à c. de thym ; sel.

- Préchauffez le four th. 7 (210 °C). Pratiquez des entailles sur la peau des maquereaux, à 1,5 cm d'intervalle environ et placez-les dans un plat allant au four.
- Mélangez le jus de citron, la gousse d'ail pelée et pressée, l'huile, le piment et un peu de sel, versez sur les filets et enfournez 10 minutes. Parsemez de thym à la sortie du four.

☆ Le conseil acidulé

Accompagnez de pommes de terre vapeur ou de ratatouille.

MOULES À LA PÉRUVIENNE

Antioxydant, immunité, tonus

Pour 4 personnes
Préparation : 10 minutes
Cuisson : 5 minutes
Réfrigération (facultatif) : 30 minutes

Ingrédients : 400 g de moules décoquillées et surgelées ; 4 tomates ; 1 petite boîte de maïs ; ½ oignon rouge ; 1 c. à s. de coriandre ciselée ; 1 citron ; 3 c. à s. d'huile d'olive ; sel, poivre.

- Faites décongeler les moules 5 minutes à la casserole avec un fond d'eau. Égouttez-les et laissez-les refroidir.
- Égouttez le maïs. Pelez et hachez finement l'oignon. Rincez les tomates, coupez-les en tout petits dés. Mélangez le tout dans un saladier avec l'huile d'olive, le jus du citron, la coriandre, du sel et du poivre. Facultatif : placez 30 minutes au réfrigérateur environ avant de servir.

☆ Le conseil acidulé

Selon vos envies, cette salade peut aussi s'enrichir d'un avocat coupé en tout petits dés… citronnés pour ne pas noircir !

SALADE DE CREVETTES PIMENTÉES

Bon pour le métabolisme, super-minceur

Pour 4 personnes
Préparation : 5 minutes
Cuisson : 8 minutes
Réfrigération : 1 heure

Ingrédients : 500 g de crevettes roses décortiquées surgelées ; 1 tomate ; ½ oignon rouge ; 1 c. à s. d'huile d'olive ; 1 citron ; quelques pincées de piment d'Espelette ; sel, poivre.

- Faites décongeler les crevettes selon les instructions de l'emballage (8 minutes environ à la casserole avec un fond d'eau). Égouttez et laissez refroidir.
- Coupez la tomate en quartiers, ôtez les pépins et recoupez la chair en dés. Pelez et coupez l'oignon rouge en petits dés également. Pressez le citron.
- Dans un saladier, déposez les crevettes, la tomate, l'oignon, l'huile, le jus du citron, le piment d'Espelette, du sel et du poivre. Mélangez délicatement et laissez reposer 1 heure au réfrigérateur avant de servir.

☆ Le conseil acidulé

Incorporez à la salade des pommes de terre cuites à l'eau dans leur peau, puis épluchées et coupées en tranches pour transformer cette entrée en salade-déjeuner complète.

SARDINES GRILLÉES

Bonne humeur, oméga 3, régime crétois

Pour 4 personnes
Préparation : 5 minutes
Cuisson : 6 minutes

Ingrédients : 16 sardines désarêtées et vidées par le poissonnier ; 3 c. à s. d'huile d'olive ; 2 citrons ; 2 c. à s. de coriandre ciselée ; sel, poivre.

- Rincez les sardines et séchez-les avec du papier absorbant. Pressez les citrons, fouettez le jus avec 2 c. à s. d'huile, la coriandre, du sel et du poivre.
- Huilez légèrement les sardines et faites-les griller 2 à 3 minutes de chaque côté. Rangez-les sur un plat, arrosez-les de vinaigrette et servez chaud.

☆ Le conseil acidulé

Utilisez une poêle-gril si vous en avez une. Sinon, optez pour le gril du four, bien préchauffé au préalable, th. 8 (240 °C).

Accompagnez de tomates à la provençale.

SAUMON FLORIDA

Anticholestérol, anticancer, détox

Pour 4 personnes
Préparation : 10 minutes
Cuisson : 20 minutes

Ingrédients : 300 g de saumon, cuit et froid ; 1 fenouil ; 1 concombre ; 1 poivron jaune ; 1 poivron rouge ; ½ oignon rouge ; 2 c. à s. d'huile d'olive ; 1 citron ; sel, poivre.

- Rincez les légumes et séchez-les. Préchauffez le four th. 7 (210 °C). Faites griller les poivrons 20 minutes. Laissez-les tiédir puis ôtez la peau et les pépins. Coupez-les en lanières.
- Coupez le concombre en rondelles, ôtez les premières côtes du fenouil et émincez le bulbe. Pelez et émincez l'oignon rouge.
- Détachez le poisson en morceaux, mélangez-les aux légumes dans un saladier. Arrosez avec le jus du citron, l'huile d'olive, salez, poivrez, remuez délicatement et servez.

☆ **Le conseil acidulé**

À la place du saumon, vous pouvez choisir du poisson blanc, type cabillaud, colin, lieu… N'importe quel reste fera l'affaire !

SAUMON FROID, SAUCE AUX ŒUFS DE LUMP

Flore intestinale, protection cardiaque

Pour 4 personnes
Préparation : 3 minutes
Sans cuisson

Ingrédients : 4 pavés de saumon cuits et froids ; 2 yaourts brassés à 0 % ; 2 c. à c. bombées d'œufs de lump rouges ; ½ citron ; sel, poivre.

- Versez les yaourts dans un bol. Ajoutez le jus du citron, salez, poivrez et mélangez. Incorporez les œufs de lump et mélangez délicatement.
- Nappez chaque pavé de saumon de sauce.

Le conseil acidulé

La sauce peut aussi se proposer en entrée, comme dip, pour tremper des bâtons de légumes. Au fait, saviez-vous que même à 0 %, les yaourts étaient toujours riches en probiotiques, ces « bactéries amies » bonnes pour l'intestin et la santé ?

TARTARE À LA TAHITIENNE

Super-minceur, hyperprotéiné, détox

Pour 4 personnes
Préparation : 10 minutes
Sans cuisson
Réfrigération : 3 heures

Ingrédients : 400 g de dorade ; 1 c. à c. de gingembre frais râpé ; 1 petite échalote ; 1 citron jaune ; 1 c. à s. de sauce soja douce ; 1 c. à s. de coriandre ciselée ; poivre.

- Taillez le poisson en petits cubes à l'aide d'un couteau bien tranchant. Mettez-les dans un plat creux avec le gingembre et la sauce soja. Pressez le citron, ajoutez le jus, poivrez et mélangez délicatement. Couvrez de film étirable et réservez au réfrigérateur 3 heures environ.
- Pelez l'échalote et émincez-la très finement. Égouttez le poisson, ajoutez l'échalote et la coriandre, et servez aussitôt.

☆ Le conseil acidulé

Dans des épiceries asiatiques, vous trouverez des bocaux ou des sachets de lamelles de gingembre mariné au vinaigre (celui qu'on sert avec les sushis), au goût piquant et fruité. Servez-en quelques lamelles avec ce poisson.

TARTARE DE LIEU NOIR MARINÉ AU CITRON VERT

Super-minceur, hyperprotéiné, booster de métabolisme

Pour 4 personnes
Préparation : 10 minutes
Sans cuisson
Réfrigération : 2 heures

Ingrédients : 600 g de filet de lieu noir ; 1 citron vert ; 3 c. à s. de lait de coco ; 1 pincée de piment de Cayenne.

- Détaillez le lieu en tout petits dés à l'aide d'un couteau bien tranchant.
- Fouettez le lait de coco avec le jus du citron vert, versez sur le poisson et saupoudrez de piment. Recouvrez de film étirable et réservez 2 heures au réfrigérateur.

☆ Le conseil acidulé

Servez tel quel, en guise d'entrée, ou accompagné d'une salade de haricots verts saupoudrée de noix de coco râpée, pour un plat principal ultraléger.

Tartare de saumon à la japonaise

Bonne humeur, régime Okinawa

Pour 4 personnes
Préparation : 10 minutes
Sans cuisson
Réfrigération : 1 heure

Ingrédients : 400 g de filet de saumon ; 1 citron vert ; 1 citron jaune ; 1 c. à c. de baies roses ; 1 c. à s. de ciboulette ciselée ; 1 c. à c. de graines de sésame ; 1 c. à c. de sauce soja ; poivre.

- Rincez le saumon sous un filet d'eau froide et épongez-le délicatement. Coupez-le en tout petits dés.
- Prélevez une bande de zeste à l'aide d'un couteau économe sur le citron vert. Plongez-le 30 secondes dans l'eau bouillante, égouttez-le. Changez d'eau, ébouillantez-le à nouveau puis coupez-le en fines lanières. Réservez.
- Pressez le citron jaune, versez son jus dans un saladier. Ajoutez les baies roses grossièrement écrasées, la ciboulette, la sauce soja et poivrez. Ajoutez les dés de saumon et mélangez délicatement. Couvrez de film étirable et réservez au frais 1 heure.
- Égouttez le tartare de saumon, présentez-le dans des verrines. Parsemez de zestes de citron vert et de graines de sésame.

➔

☆ Le conseil acidulé

Précisez à votre poissonnier que vous destinez le saumon à une préparation sans cuisson. Il pourra ainsi sélectionner un morceau d'une fraîcheur irréprochable.

TERRINE FRAÎCHEUR

Bonne nuit, super-minceur, squelette solide

Pour 4 personnes
Préparation : 10 minutes
Cuisson : 1 minute
Réfrigération : 12 heures

Ingrédients : 300 g de poisson blanc cuit et froid ; 150 g de saumon cuit et froid ; 15 cl de lait concentré demi-écrémé très froid ; 400 g de fromage blanc à 0 % ; 1 citron ; 6 feuilles de gélatine ; 1 sachet de fumet de poisson à infuser ; 1 c. à s. de ciboulette ciselée ; sel, poivre.

- Faire ramollir la gélatine dans de l'eau froide. Plongez le sachet de bouillon dans 10 cl d'eau frémissante et laissez-le infuser pendant 5 minutes. Ôtez le sachet, chauffez à nouveau et faites dissoudre la gélatine.
- Mixez le poisson blanc avec le jus de ½ citron, la ciboulette, 250 g de fromage blanc et le bouillon, puis ajoutez le lait concentré monté en neige ferme (à l'aide d'un batteur à œuf). Salez, poivrez. Détachez le saumon en morceaux.
- Tapissez le fond d'une terrine de film étirable et versez la moitié de la préparation. Disposez le saumon, versez le reste de préparation, couvrez de film étirable et faites prendre une nuit au réfrigérateur.
- Mélangez le jus du demi-citron restant avec le reste de fromage blanc, du sel et du poivre. Servez la terrine en tranches, avec la sauce au citron.

➔

☆ Le conseil acidulé

Une recette super légère et bourrée de calcium, à accompagner d'une salade de mâche pour un repas 100 % minceur. Ajoutez des zestes de citron ciselés dans la sauce au citron pour lui donner une touche croquante.

Truites à l'aneth et au citron

Anticholestérol, digestion facile, ventre plat

Pour 4 personnes
Préparation : 5 minutes
Cuisson : 6 à 7 minutes

Ingrédients : 4 beaux filets de truite avec leur peau préparés par le poissonnier ; 1 citron ; 3 c. à s. d'aneth ciselé ; 1 c. à s. d'huile d'olive ; sel, poivre.

- Rincez les filets de poisson et séchez-les délicatement en les tamponnant avec un papier absorbant. Mélangez l'huile avec le jus du citron et l'aneth, badigeonnez-en les filets côté chair.
- Chauffez une poêle antiadhésive sur feu moyen et déposez les filets, côté chair. Salez et poivrez le côté peau. Faites cuire 2 minutes.
- Retournez et faites cuire le côté peau 4 à 5 minutes.

☆ Le conseil acidulé

Servez avec un riz basmati ou du quinoa.

Pasta, riz et compagnie

FÈVES AU CITRON

Stop-faim, régime crétois

Pour 4 personnes
Préparation : 10 minutes
Cuisson : 10 minutes

Ingrédients : 400 g de fèves (pelées, surgelées) ; 2 oignons ; 1 gousse d'ail ; 1 citron ; 1 c. à s. de ciboulette ciselée ; 1 c. à s. d'huile d'olive ; sel, poivre.

- Prélevez deux bandes de zeste sur le citron. Plongez-les dans une petite casserole d'eau bouillante pendant 30 secondes, égouttez, recommencez l'opération avec une eau propre puis égouttez à nouveau. Coupez les zestes en fines lanières.
- Faites cuire les fèves 8 minutes à l'eau bouillante salée. Égouttez et ôtez la peau s'il s'agit de fèves fraîches.
- Pelez et émincez l'ail et les oignons. Chauffez l'huile dans une cocotte avec l'ail, les oignons et les zestes de citron. Ajoutez le jus du citron, les fèves, salez et poivrez puis faites cuire 15 minutes. Parsemez de ciboulette au moment de servir.

☆ Le conseil acidulé

Vous pouvez ajouter des dés de tomates concassées. Servez chaud, avec des brochettes d'agneau, ou froid en salade.

PENNE À LA ROQUETTE ET AU CITRON

Énergie longue durée, immunité, spécial transit

Pour 4 personnes
Préparation : 10 minutes
Cuisson : 10 minutes environ

Ingrédients : 250 g de penne ; 15 cl de crème allégée à 8 % de MG ; ½ citron ; 2 poignées de roquette ; 2 c. à s. de parmesan râpé ; sel, poivre.

- Faites cuire les penne *al dente* selon les instructions données sur l'emballage.
- Prélevez deux bandes de zeste sur le citron. Plongez-les dans une petite casserole d'eau bouillante pendant 30 secondes, égouttez, recommencez l'opération avec une eau propre puis égouttez à nouveau. Coupez en fines lanières.
- Égouttez les pâtes, mettez la roquette dans la casserole avec les zestes et le jus du citron. Chauffez 2 minutes, le temps de faire « fondre » la roquette, salez, poivrez, puis ajoutez la crème et les penne. Mélangez délicatement et parsemez de parmesan.

☆ Le conseil acidulé

Une recette à décliner avec des linguine ou des spaghettis. Choisissez-les de préférence à base de farine complète ou semi-complète (plus riches en fibres).

Purée de petits pois au citron confit

Protection cancer, spécial transit

Pour 4 personnes
Préparation : 10 minutes
Cuisson : 6 à 8 minutes

Ingrédients : 600 g de petits pois frais ou surgelés ; 2 c. à s. de crème allégée à 8 % ; ¼ de citron confit (salé) ; 1 c. à s. de coriandre ciselée ; sel, poivre.

- Faites cuire les petits pois à l'eau bouillante salée 10 minutes. Ils doivent être très tendres. Égouttez puis mixez-les finement avec la crème, le citron confit coupé en morceaux, du sel et du poivre, et un peu de bouillon si nécessaire de façon à obtenir la consistance souhaitée.
- Parsemez de coriandre ciselée au moment de servir.

☆ Le conseil acidulé

Cette purée accompagnera un pavé de poisson blanc ou une escalope de volaille.

RISOTTO EXPRESS AU CITRON CONFIT ET AUX PETITS POIS

Stop-faim, protéines végétales

Pour 4 personnes
Préparation : 5 minutes
Cuisson : 30 à 35 minutes

Ingrédients : 250 g de riz carnaroli ou arborio (spécial risotto) ; 1 oignon ; 2 c. à s. d'huile d'olive ; 1 citron confit ; 40 g de parmesan râpé ; 200 g de petits pois surgelés ; 10 cl de crème de soja ; poivre.

- Pelez et émincez l'oignon. Chauffez l'huile dans une cocotte et faites-y fondre l'oignon pendant 2 minutes en remuant. Ajoutez le riz et le citron confit détaillé en dés, mélangez pendant 3 minutes.
- Ajoutez 60 cl d'eau frémissante. Couvrez et laissez cuire 10 minutes en remuant de temps en temps. Ajoutez les petits pois, faites cuire encore 5 à 10 minutes.
- Incorporez le parmesan, la crème de soja, poivrez et servez.

☆ Le conseil acidulé

Le risotto, miam ! Mais devoir touiller pendant 20 minutes non-stop, ça va une fois... Ici, le riz cuit à l'étouffée, et le résultat est très proche de celui du risotto mitonné. S'il ne vous semble pas assez crémeux, rajoutez simplement un peu de crème de soja.

SALADE DE PÂTES AU POULET

Antioxydant, flore intestinale, ventre plat

Pour 4 personnes
Préparation : 10 minutes
Cuisson : 15 minutes

Ingrédients : 250 g de torsades ; 2 gros blancs de poulet ; 2 yaourts brassés à 0 % ; 2 c. à s. de raisins secs ; ½ citron ; 1 à 2 c. à c. de curry ; 1 grosse carotte ; 1 c. à s. de coriandre ciselée.

- Faites cuire les torsades selon les indications données sur le paquet. Pendant ce temps, cuisez les blancs de poulet à la vapeur, 10 à 15 minutes selon leur épaisseur.
- Épluchez la carotte et râpez-la. Battez les yaourts dans un saladier avec le curry et le jus du citron. Ajoutez la carotte et les raisins secs.
- Égouttez les pâtes, refroidissez-les en les passant sous un filet d'eau glacée. Égouttez à nouveau. Coupez le poulet en lamelles, ajoutez-les dans la sauce au curry ainsi que les pâtes. Mélangez délicatement et servez bien frais, parsemé de coriandre.

☆ Le conseil acidulé

Les torsades sont idéales pour cette recette car leur surface spiralée retient parfaitement les sauces fluides. Si vous n'aimez pas la coriandre, remplacez-la par de la menthe.

SALADE DE QUINOA AUX GAMBAS

Minceur, booster de métabolisme, sans gluten, prébiotique (flore intestinale)

Pour 4 personnes
Préparation : 5 minutes
Cuisson : 10 à 15 minutes

Ingrédients : 250 g de quinoa ; 400 g de queues de gambas décortiquées ; 1 boîte de cœurs d'artichauts ; 20 tomates-cerises (ou 4 tomates) ; 2 c. à s. d'aneth ciselé ; 1 c. à s. d'huile d'olive ; 1 citron ; sel ; poivre.

- Rincez le quinoa à grande eau, versez-le dans une casserole avec 2 fois son volume d'eau froide salée, portez à ébullition et laissez cuire à feu doux 10 à 15 minutes. Égouttez et versez dans un saladier.
- Pendant ce temps, faites cuire les gambas 5 minutes à la casserole. Égouttez. Lavez les tomates-cerises (ou coupez en 4 des tomates « classiques »). Égouttez les cœurs d'artichauts, coupez-les en quartiers. Mettez le tout dans le saladier et mélangez avec le quinoa, le jus du citron, l'huile d'olive, du sel, du poivre et l'aneth.

☆ Le conseil acidulé

Cette salade complète sera parfaite pour un pique-nique ou un déjeuner à emporter au bureau. Vive les cœurs d'artichauts : ils renferment des prébiotiques, qui nourrissent les probiotiques, bactéries amies de l'intestin.

SALADE DE RIZ AU THON

Stop-faim, antioxydant

Pour 4 personnes
Préparation : 10 minutes
Cuisson : 15 minutes

Ingrédients : 250 g de riz basmati ; 1 poivron rouge ; ½ concombre ; ½ oignon rouge ; 250 g de thon au naturel (en boîte) ; 1 c. à c. de moutarde ; 2 c. à s. d'huile d'olive ; 1 citron ; 8 olives noires ; poivre.

- Faites cuire le riz selon les indications sur l'emballage (15 minutes environ). Égouttez et laissez refroidir.
- Ouvrez le poivron en deux, ôtez les pépins, recoupez la chair en carrés. Pelez et émincez l'oignon rouge. Détaillez le concombre en dés.
- Pressez le citron et fouettez le jus avec la moutarde, l'huile et du poivre. Égouttez le thon et détachez la chair en morceaux. Mélangez le tout dans un saladier avec les olives.

☆ Le conseil acidulé

Rajoutez un peu de cumin dans la vinaigrette : en plus de faciliter la digestion, il se marie vraiment bien avec le riz et le thon.

SALADE « TROIS RIZ » SUCRÉE-SALÉE

Protection cardiaque, stop-faim, équilibre acido-basique

Pour 4 personnes
Préparation : 10 minutes
Cuisson : 15 + 2 minutes

Ingrédients : 250 g de mélange « trois riz » ; 1 pomme verte ; 2 c. à s. de raisins secs ; 2 c. à s. de pignons ; 3 c. à s. d'huile de noix ; 2 citrons ; ½ oignon ; sel, poivre.

- Faites cuire le riz selon les indications données sur le paquet (environ 15 minutes), égouttez et laissez refroidir complètement.
- Faites dorer les pignons dans une poêle antiadhésive, sans ajout de matière grasse. Attention, ils ne doivent pas noircir. Pressez les citrons, mélangez le jus avec l'huile, du sel et du poivre.
- Rincez et séchez la pomme, coupez-la en quartiers, ôtez les pépins puis retaillez la chair en tout petits dés. Pelez et émincez l'oignon. Dans un saladier, mélangez le riz, la pomme, les raisins secs, l'oignon, la vinaigrette et les pignons.

☆ Le conseil acidulé

Prévoyez de faire cuire le riz suffisamment à l'avance afin de pouvoir mélanger les ingrédients dans un riz froid, et non chaud (la pomme et les pignons perdraient leur croquant).

Taboulé aux raisins secs

Reminéralisant, anticholestérol

Pour 4 personnes
Préparation : 10 minutes
Cuisson : 2 minutes (cuisson de la semoule)
Réfrigération : 3 heures

Ingrédients : 200 g de semoule de couscous complète ; 2 tomates ; ½ concombre ; 1 oignon blanc ; 3 c. à s. de menthe ciselée ; 3 c. à s. de persil ciselé ; 4 c. à s. de raisins secs ; 1 citron ; sel, poivre.

- Réhydratez la semoule (voir le conseil). Pelez et émincez l'oignon, coupez les tomates en dés ainsi que le concombre.
- Mélangez la semoule avec les légumes, les raisins, le jus du citron, les herbes, du sel et du poivre.
- Couvrez de film étirable et laissez reposer 3 heures au réfrigérateur.

Le conseil acidulé

Réhydratez la semoule selon les indications du paquet, mais en réduisant la quantité d'eau indiquée d'un quart : les légumes et le jus de citron se chargeront du reste.

TAGLIATELLES À LA TRUITE FUMÉE ET AU CITRON

Énergie longue durée, anticholestérol

Pour 4 personnes
Préparation : 5 minutes
Cuisson : 6 à 7 minutes environ

Ingrédients : 250 g de tagliatelles ; 20 cl de crème de soja ; 150 g de truite fumée ; 1 gros citron ; 1 c. à s. de câpres ; poivre.

- Faites cuire les tagliatelles selon les indications données sur le paquet. Pendant ce temps, coupez la truite fumée en petits morceaux.
- Égouttez les pâtes, remettez-les dans la casserole, versez la crème de soja. Poivrez puis ajoutez les câpres, la truite et le jus du citron. Mélangez rapidement et servez aussitôt.

☆ Le conseil acidulé

Si vous n'aimez pas la crème de soja, utilisez une crème allégée à 8 %. Servez avec une salade de mâche ou de roquette assaisonnée au vinaigre balsamique. Et ne resalez pas : la truite est déjà suffisamment salée.

Véritable taboulé libanais

Antifatigue, booster d'énergie

Pour 4 personnes
Préparation : 10 minutes
Cuisson : 12 minutes
Réfrigération : 30 minutes

Ingrédients : 100 g de boulgour ; 4 tomates ; 4 oignons blancs ; 2 bouquets de persil plat frais ; 2 citrons ; 2 c. à s. d'huile d'olive ; sel ; poivre.

- Faites cuire le boulgour 12 minutes à l'eau bouillante salée. Égouttez et laissez refroidir.
- Lavez les tomates et coupez-les en petits dés. Épluchez et émincez finement les oignons. Équeutez le persil et ciselez les feuilles à l'aide d'une paire de ciseaux.
- Dans un saladier, mélangez le boulgour, les tomates, le persil, salez et poivrez. Ajoutez l'huile d'olive et le jus des citrons. Mélangez bien et laissez reposer 30 minutes au réfrigérateur.

Le conseil acidulé

Rien à voir avec le taboulé vendu en barquettes, constitué en quasi-totalité de semoule et agrémenté de quelques dés de tomate et de raisins secs.

Tarte au citron mythique, cakes et autres douceurs

→

BAVAROIS AU CITRON À L'AGAR-AGAR

Super-minceur, ventre plat, digestion facile

Pour 4 personnes
Préparation : 3 minutes
Cuisson : 1 minute
Réfrigération : 2 heures

Ingrédients : 2 g d'agar-agar ; 50 cl de lait demi-écrémé ; 2 gouttes d'HE de citron ; 4 c. à s. de sirop d'érable.

- Versez le lait dans une casserole. Délayez l'agar-agar, ajoutez le sirop d'érable et l'huile essentielle de citron, portez à ébullition puis baissez le feu et faites cuire 1 minute sans cesser de mélanger.
- Versez dans des verrines, laissez refroidir et faites prendre 2 heures minimum au réfrigérateur.
- Au moment de servir, démoulez sur des assiettes.

✯ Le conseil acidulé

Un petit nappage avec un coulis de fruits rouges ou d'abricots sera parfait.

CAKE CITRON-PAVOT

Spécial enfants, gourmand

Pour 1 petit moule à cake
Préparation : 3 minutes
Cuisson : 1 minute
Réfrigération : 2 heures

Ingrédients : 180 g de farine ; ½ sachet de levure chimique ; 3 œufs ; 50 g de sucre ; 3 c. à s. de sirop d'agave ; 100 g de beurre mou ; 2 gouttes d'HE de citron ; 1 citron ; 2 c. à s. de graines de pavot.

- Préchauffez le four th. 6 (180 °C). Prélevez trois bandes de zeste sur le citron. Plongez-les dans une petite casserole d'eau bouillante pendant 30 secondes, égouttez, recommencez l'opération avec une eau propre puis égouttez à nouveau. Coupez les zestes en fines lanières.
- Travaillez le beurre avec le sucre puis ajoutez le sirop d'agave et les œufs, un par un. Incorporez la farine mélangée à la levure, l'huile essentielle de citron puis le pavot. Versez dans un moule à cake beurré et mettez 30 minutes au réfrigérateur puis faites cuire 40 minutes, en baissant le thermostat sur 5 (150 °C) au bout de 20 minutes.

✮ Le conseil acidulé

Très importante, la phase « réfrigérateur ». C'est grâce à elle que le cake va bien monter et former une jolie bosse sur le dessus.

CHEESECAKE AU CITRON

Gourmand, squelette solide

Pour un moule à charnière de 20 cm
Préparation : 20 minutes
Cuisson : 10 minutes + 1 heure
Réfrigération : 30 minutes + 12 heures

Ingrédients : 175 g de spéculoos ; 75 g de beurre (doux ou demi-sel) ; 300 g de fromage frais nature (type Carré Frais ou Saint-Môret) ; 300 g de ricotta ; 120 g + 50 g de sucre ; 1 sachet de sucre vanillé ; 3 œufs ; 4 citrons + 50 g de sucre.

- Écrasez les biscuits en miettes, faites fondre le beurre et mélangez le tout. Étalez au fond du moule et tassez soigneusement en faisant remonter un maximum de pâte sur les côtés. Placez au frais 30 minutes.
- Préchauffez le four th. 6 (180 °C). Prélevez trois bandes de zeste sur un citron. Plongez-les dans une petite casserole d'eau bouillante pendant 30 secondes, égouttez, recommencez l'opération avec une eau propre puis égouttez à nouveau. Coupez les zestes en fines lanières.
- Enfournez la pâte 10 minutes environ puis laissez refroidir. À l'aide d'un batteur, travaillez la ricotta et le fromage frais jusqu'à obtenir un mélange bien homogène. Ajoutez 120 g de sucre, le sucre vanillé puis les œufs, un par un, et les zestes.
- Baissez le thermostat sur 4-5 (140 °C). Versez la préparation dans le moule et faites cuire 1 heure Laissez refroidir dans le four puis placez le cheesecake 12 heures minimum au réfrigérateur.

→

- Pressez les citrons (il vous faut 15 cl de jus environ). Versez dans une casserole avec 50 g sucre et chauffez doucement jusqu'à obtenir la texture d'un sirop. Laissez refroidir et servez en nappage du cheesecake.

☆ Le conseil acidulé

Un dessert traditionnel américain, à servir très frais. Il se prépare à l'avance et se bonifie le lendemain.

Le moule à charnière permet un démoulage facile grâce à son système ingénieux d'ouverture-fermeture par charnière.

CARPACCIO DE PAPAYE AU CITRON VERT

Super-minceur, vitaminé, anti-infectieux

Pour 4 personnes
Préparation : 10 minutes
Sans cuisson

Ingrédients : 2 papayes ; 2 c. à s. de miel ; 1 citron vert ; 1 citron jaune.

- Prélevez trois bandes de zeste sur le citron vert. Plongez-les dans une petite casserole d'eau bouillante pendant 30 secondes, égouttez, recommencez l'opération avec une eau propre puis égouttez à nouveau. Coupez les zestes en fines lanières.
- Coupez les papayes en quatre et éliminez les pépins. Pelez-les en évitant d'entailler la chair puis recoupez chaque quartier en très fines tranches, dans le sens horizontal.
- Rangez-les sur des assiettes. Pressez les deux citrons dans un bol, ajoutez le miel et fouettez le tout. Répartissez les zestes sur la papaye, arrosez de sauce et servez.

☆ Le conseil acidulé

Vous pouvez réaliser la même recette avec un melon. Coupez-le en tranches sur une assiette et recueillez le jus pour l'ajouter à la sauce.

CITRONNETTE (CRÈME DESSERT AU CITRON)

Léger, digestion facile, antistress

Pour 4 personnes
Préparation : 3 minutes
Cuisson : 1 minute
Réfrigération : 2 heures

Ingrédients : 50 cl de lait de riz ; 50 g de Maïzena ; 75 g de sucre de canne roux ; 2 œufs ; 2 gouttes d'HE de citron.

- Chauffez le lait dans une casserole. Cassez les œufs dans un saladier et fouettez-les avec le sucre, la Maïzena et l'huile essentielle de citron.
- Quand le lait frémit, versez-le sur le mélange sans cesser de fouetter puis reversez le tout dans la casserole et faites cuire 1 minute, toujours en mélangeant, jusqu'à ce que la crème épaississe.
- Ôtez du feu, répartissez dans des coupes, laissez refroidir et réservez au réfrigérateur 2 heures minimum.

☆ Le conseil acidulé

Le lait de riz se marie bien avec la saveur du citron, mais vous pouvez utiliser du lait demi-écrémé. Au moment de servir, pensez à ajouter quelques zestes émincés sur chaque coupe.

CITRON GIVRÉ

Digestion facile

Pour 4 personnes
Préparation : 15 minutes
Cuisson : 5 minutes
Congélation : 3 heures

Ingrédients : 8 gros citrons jaunes ; 200 g de sucre en poudre ; 20 cl d'eau ; 2 c. à s. de yaourt brassé.

- Portez l'eau à ébullition dans une casserole avec le sucre. Laissez cuire à feu moyen pendant 3 minutes puis laissez refroidir.
- Brossez 4 citrons sous l'eau froide. Séchez-les soigneusement. Coupez un chapeau d'un côté (à 3 cm environ de la pointe).
- Videz-les à l'aide d'une cuillère et récupérez la pulpe. Placez les écorces vides et les chapeaux dans un sac et mettez au congélateur. Pressez les citrons restants et mélangez avec le sirop de sucre et le yaourt. Versez dans un bac et faites prendre 2 à 3 heures au réfrigérateur, en mélangeant régulièrement à l'aide d'une cuillère pour briser les cristaux.
- Quand le sorbet est prêt, remplissez les écorces de citron en faisant dépasser le sorbet de l'écorce de 1 cm. Replacez les chapeaux et remettez-les au congélateur.

→

✩ Le conseil acidulé

C'est notre photo de couverture ! On aime les citrons givrés car même s'ils contiennent du sucre ils ne renferment pas une seule once de gras. Face à une part de tarte ou de gâteau, ils auront toujours le dessus ! Idéal donc après un repas copieux.

CLAFOUTIS ZESTÉ AUX CERISES

Bon pour la circulation, antioxydant, anti « goutte »

Pour 8 parts
Préparation : 15 minutes
Cuisson : 45 minutes

Ingrédients : 500 g de cerises ; 150 g de farine ; 100 g de sucre de canne blond ; 3 œufs ; 60 cl de lait demi-écrémé ; 1 citron ; 1 noix de beurre pour le plat.

- Prélevez trois bandes de zeste sur le citron. Plongez-les dans une petite casserole d'eau bouillante pendant 30 secondes, égouttez, recommencez l'opération avec une eau propre puis égouttez à nouveau. Coupez les zestes en fines lanières.
- Préchauffez le four th. 7 (210 °C). Répartissez les cerises dans un plat à four beurré.
- Battez les œufs avec le sucre puis incorporez la farine. Versez peu à peu le lait, de façon à obtenir une pâte fluide et homogène.
- Versez sur les cerises, faites cuire 15 minutes, puis baissez le thermostat sur 6 (180 °C) et faites cuire encore 30 minutes.
- Servez tiède ou bien frais après passage au réfrigérateur.

→

✯ Le conseil acidulé

Si vous choisissez des cerises surgelées, faites-les décongeler avant de les utiliser et égouttez-les soigneusement. Avec ou sans noyaux, c'est comme vous voulez.

COMPOTE CRUE SUPERVITAMINÉE

Antifatigue, 0 %
(de sucre et de MG ajoutés)

Pour 4 personnes
Préparation : 10 minutes
Sans cuisson

Ingrédients : 4 poires bien mûres ; 2 kiwis ; 2 bananes ; 1 citron.

- Épluchez les poires, ôtez les pépins. Pelez les kiwis et les bananes.
- Coupez le tout en morceaux. Mixez les bananes avec les poires et le jus du citron de façon à obtenir une préparation parfaitement lisse et homogène.
- Ajoutez les kiwis, mixez encore quelques instants et servez dans des coupes.

☆ Le conseil acidulé

Sans cuisson, cette compote est supervitaminée. La banane lui donne son onctuosité et l'adoucit légèrement. Mais préparez-la bien au dernier moment pour lui conserver un maximum de vitamines.

COOKIES CITRONNÉS AUX PIGNONS

Spécial enfants

Pour 18 cookies
Préparation : 10 minutes
Cuisson : 10 minutes environ

Ingrédients : 150 g de farine ; 1 c. à c. de levure chimique ; 75 g de beurre mou ; 1 œuf ; 75 g de sucre roux ; 75 g de pignons ; 1 citron.

- Prélevez une bande de zeste sur le citron. Plongez-le dans une petite casserole d'eau bouillante pendant 30 secondes, égouttez, recommencez l'opération avec une eau propre puis égouttez à nouveau. Coupez le zeste en fines lanières.
- Préchauffez le four th. 6 (180 °C). Travaillez le beurre et le sucre à l'aide d'une fourchette jusqu'à ce que le mélange soit crémeux, puis ajoutez l'œuf.
- Incorporez la farine mélangée avec la levure, les lanières de zeste et les pignons.
- Déposez de petits tas de pâte sur une plaque à pâtisserie recouverte de papier sulfurisé et faites cuire 10 minutes environ.
- Décollez avec une spatule et faites refroidir sur une grille.

☆ Le conseil acidulé

Si vous préférez, remplacez les pignons par des amandes mondées (sans peau) non salées, et cassées en morceaux.

CRÈME CATALANE

Squelette solide, léger

Pour 4 personnes
Préparation : 10 minutes
Cuisson : 5 + 5 minutes
Réfrigération : 2 heures

Ingrédients : 75 cl de lait demi-écrémé ; 75 g de sucre de canne blond ; 2 œufs ; 2 c. à s. rases de Maïzena ; 1 citron ; ¼ de c. à c. de cannelle ; 4 c. à c. de sucre de canne roux.

- Plongez 2 bandes de zeste de citron dans une casserole d'eau bouillante pendant 30 secondes, égouttez, recommencez l'opération avec une eau propre puis égouttez à nouveau. Coupez-les en fines lanières.
- Battez les œufs avec le sucre blond et la Maïzena jusqu'à ce que le mélange blanchisse. Portez le lait à ébullition avec les zestes et la cannelle. Versez sur le mélange aux œufs, sans cesser de fouetter, puis reversez dans la casserole et faites épaissir sur feu doux, toujours en remuant.
- Versez dans des ramequins à four (larges et plats, comme ceux à crèmes brûlées), laissez refroidir puis placez au frais 2 heures minimum.
- Avant de servir, préchauffez le gril du four th. 8 (240 °C). Saupoudrez chaque crème avec 1 c. à c. de sucre roux et faites gratiner quelques minutes.

☆ Le conseil acidulé

Vous pouvez préparer les crèmes la veille pour le lendemain. Il suffira de les faire gratiner juste avant de les servir.

CRUMBLE ACIDULÉ

Spécial transit

Pour 6 personnes
Préparation : 20 minutes
Cuisson : 35 minutes

Ingrédients : 3 belles pommes golden ; 500 g de rhubarbe surgelée ; 125 g de farine ; 125 g de sucre roux ; 100 g de beurre bien froid ; 1 citron.

- Plongez 3 bandes de zeste de citron dans une casserole d'eau bouillante pendant 30 secondes, égouttez, recommencez l'opération avec une eau propre puis égouttez à nouveau. Coupez-les en fines lanières.
- Préchauffez le four th. 7 (210 °C). Laissez décongeler les tronçons de rhubarbe et égouttez. Pelez les pommes et coupez-les en cubes. Mélangez-les avec la rhubarbe, les zestes de citron et 50 g de sucre roux. Répartissez dans un plat à gratin.
- Coupez le beurre en petits dés dans un saladier, ajoutez le reste de sucre roux et la farine. Mélangez le tout du bout des doigts de façon à obtenir de grosses miettes de pâte. Répartissez ces miettes sur les fruits et faites cuire 35 minutes environ. Le crumble doit avoir doré.

☆ Le conseil acidulé

Servez ce crumble tiède, pourquoi pas avec une boule de sorbet citron.

FIADONE

Riche en protéines, squelette solide

Pour 4 personnes
Préparation : 5 minutes
Cuisson : 30 minutes + 1

Ingrédients : 500 g de brousse ; 4 œufs ; 1 citron ; 150 g de sucre blond de canne ; 1 noix de beurre pour le moule.

- Préchauffez le four th. 5-6 (170 °C). Plongez 2 bandes de zeste de citron dans une casserole d'eau bouillante pendant 30 secondes, égouttez, recommencez l'opération avec une eau propre puis égouttez à nouveau. Coupez-les en fines lanières.
- Travaillez la brousse à l'aide d'une fourchette avec le sucre. Ajoutez les œufs un à un et fouettez énergiquement entre chaque ajout. Incorporez enfin les zestes.
- Versez la préparation dans un moule en Pyrex beurré et enfournez pour 30 minutes.

Le conseil acidulé

Vous pouvez aussi préparer des mini-fiadones dans des moules à muffins ou des ramequins individuels. Faites-les alors cuire un peu moins longtemps.

GÂTEAU AU YAOURT ET AU CITRON VERT

Spécial enfants, léger

Pour 8 personnes
Préparation : 10 minutes
Cuisson : 30 + 1 minute

Ingrédients : 1 yaourt nature ; 2 pots de sucre ; ½ pot d'huile ; 3 œufs ; 2 pots de farine ; 1 sachet de levure chimique ; 1 c. à c. d'extrait de vanille ; 1 citron vert ; 1 noix de beurre pour le moule.

- Préchauffez le four th. 6-7 (200 °C). Prélevez trois bandes de zeste sur le citron. Plongez-les dans une petite casserole d'eau bouillante pendant 30 secondes, égouttez, recommencez l'opération avec une eau propre puis égouttez à nouveau. Coupez les zestes en fines lanières.
- Versez le contenu du pot de yaourt dans un saladier, puis servez-vous du pot comme mesure et ajoutez le sucre et l'huile. Incorporez les œufs un par un, puis la farine mélangée à la levure, la vanille et enfin les zestes et le jus du citron.
- Mélangez le tout jusqu'à ce que la pâte soit bien onctueuse, versez dans un moule à manqué beurré et faites cuire environ 30 minutes.

☆ Le conseil acidulé

Un grand classique revisité dans sa version « citron vert ». Vous pouvez bien sûr choisir du citron jaune.

GASPACHO DE MANGUES

Bonne mine, antioxydant, minceur

Pour 4 personnes
Préparation : 10 minutes
Sans cuisson
Réfrigération : 2 heures

Ingrédients : 500 g de chair de mangue (fraîche ou surgelée) ; 2 oranges à jus ; 2 c. à s. de miel liquide ; 1 c. à s. de menthe fraîche ciselée ; 1 citron vert.

- Prélevez trois bandes de zeste sur le citron. Plongez-les dans une petite casserole d'eau bouillante pendant 30 secondes, égouttez, recommencez l'opération avec une eau propre puis égouttez à nouveau. Coupez les zestes en fines lanières.
- Coupez la chair de mangue en morceaux. Pressez les oranges : il vous faut environ 20 cl de jus. Mixez la mangue avec le jus d'orange, le miel et le jus du citron vert.
- Réservez 2 heures au frais. Servez dans des assiettes creuses et décorez de zestes de citron vert au moment de servir.

☆ Le conseil acidulé

Si vous utilisez de la mangue surgelée, il n'est pas nécessaire de la faire décongeler. Vous pouvez simplement la couper en morceaux et la mixer avec le jus d'orange. Inutile ensuite de réserver au frais.

GLACE AU YAOURT ET AU CITRON SANS SORBETIÈRE

Squelette solide, express

Pour 4 personnes
Préparation : 10 minutes
Sans cuisson
Congélation : 4 heures

Ingrédients : 5 pots de Fjord nature ; 75 g de miel ; 1 citron.

- Prélevez trois bandes de zeste sur le citron. Plongez-les dans une petite casserole d'eau bouillante pendant 30 secondes, égouttez, recommencez l'opération avec une eau propre puis égouttez à nouveau.
- Mélangez le Fjord avec le miel, le jus d'une moitié de citron et les zestes ciselés.
- Versez dans un bac à glace et placez au congélateur environ 4 heures, en remuant toutes les heures à l'aide d'une cuillère, en ramenant vers le centre la préparation commençant à prendre au niveau des bords extérieurs.

☆ Le conseil acidulé

Ajoutez quelques écorces de citron confites coupées en dés. Pour une version à 0 % de MG, vous pouvez remplacer le Fjord par 600 g de fromage blanc à 0 %.

GRANITÉ DE POIRES AU CITRON

Anticholestérol, 0 % de MG

Pour 4 personnes
Préparation : 5 minutes
Cuisson : 1 minute
Congélation : 3 heures

Ingrédients : 4 grosses poires bien mûres et bien parfumées ; 2 c. à s. bombées de miel ; 1 citron.

- Prélevez trois bandes de zeste sur le citron. Plongez-les dans une petite casserole d'eau bouillante pendant 30 secondes, égouttez, recommencez l'opération avec une eau propre puis égouttez à nouveau. Hachez finement les zestes.
- Pelez les poires, ôtez le cœur et les pépins et mixez la chair avec le jus d'une moitié du citron et le miel. Ajoutez les zestes puis placez dans un bac à glace et mettez au congélateur pour 3 heures, en mélangeant la préparation toutes les heures.

☆ Le conseil acidulé

Préparez ce granité l'après-midi pour le soir même et évitez les restes : il durcirait en restant au congélateur plus longtemps.

Lemon curd light (sans beurre)

Classique allégé

Pour 1 pot
Préparation : 5 minutes
Cuisson : 5 minutes

Ingrédients : 2 gros citrons ; 100 g de sucre blond de canne ; 2 œufs ; 1 c. à s. rase de Maïzena.

- Prélevez trois bandes de zeste sur un citron. Plongez-les dans une petite casserole d'eau bouillante pendant 30 secondes, égouttez, recommencez l'opération avec une eau propre puis égouttez à nouveau. Hachez finement les zestes.
- Pressez les citrons et versez le jus avec les zestes dans la casserole. Ajoutez le sucre et la Maïzena, délayez bien et chauffez sur feu doux.
- Fouettez les œufs dans un bol. Quand la préparation au citron frémit, versez sur les œufs en fouettant puis reversez dans la casserole et faites cuire sans cesser de mélanger, jusqu'à ce que le mélange épaississe. Ôtez du feu et mettez en pots.

Le conseil acidulé

Préparez un grand pot ou plusieurs plus petits. Conservez-les ensuite au réfrigérateur et consommez rapidement.

KEY LIME PIE

Squelette solide, gourmand

Pour 8 parts
Préparation : 15 minutes
Cuisson : 12 à 15 minutes
Réfrigération : 3 heures

Ingrédients : 250 g de palets bretons ; 70 g de beurre fondu ; 60 g de sucre ; 40 cl de lait concentré sucré ; 70 g de crème fraîche ; 135 ml de jus de citron vert ; 1 citron vert.

- Prélevez trois bandes de zeste sur le citron. Plongez-les dans une petite casserole d'eau bouillante pendant 30 secondes, égouttez, recommencez l'opération avec une eau propre puis égouttez à nouveau. Hachez finement les zestes.
- Réduisez les palets bretons en chapelure fine. Mélangez avec le beurre fondu et le sucre puis garnissez-en un petit moule à charnière (20 cm de diamètre).
- Préchauffez le four th. 6 (180 °C). Dans un saladier, mélangez le lait concentré, la crème, le jus de citron et les zestes hachés. Fouettez bien et versez sur le fond de tarte. Faites cuire 12 à 15 minutes, jusqu'à l'apparition de petites bulles à la surface. Sortez du four, laissez refroidir puis placez 3 heures environ au réfrigérateur.

➔

☆ Le conseil acidulé

Si vous n'avez pas de moule à charnière (celui qu'on utilise pour les cheesecakes), l'opération « démoulage » risque d'être difficile. Dans ce cas, tant pis, servez-vous d'un moule à tarte classique et remplacez la base de biscuits par une pâte sablée.

MADELEINES AU CITRON COMME MAMIE

Spécial enfants, gourmand

Pour 20 madeleines environ
Préparation : 15 minutes
Cuisson : 3 + 8 à 10 minutes
Réfrigération : 1 heure

Ingrédients : 150 g de farine ; 125 g de beurre ; 3 œufs ; 125 g de sucre blond de canne ; 20 g de miel ; 2 bandes de zeste de citron ébouillantées ; ½ sachet de levure chimique ; 1 pincée de sel.

- Faites fondre le beurre sur feu très doux et ôtez du feu dès qu'il est fondu. Cassez les œufs dans un saladier et battez-les avec le sucre, le sel et le miel jusqu'à ce que le mélange blanchisse. Ajoutez la farine tamisée avec la levure puis le beurre et les zestes de citron hachés.
- Couvrez et placez 1 heure au réfrigérateur.
- Préchauffez le four th. 8 (240 °C). Beurrez les moules et remplissez-les aux trois-quarts. Faites cuire 3 minutes puis baissez le thermostat sur 6 (180 °C) et faites cuire encore 8 à 10 minutes (surveillez la cuisson, qui varie selon les fours). Démoulez et faites refroidir sur une grille.

☆ Le conseil acidulé

C'est la différence de température qui vous permet d'obtenir une belle bosse sur les madeleines. Il est donc indispensable de laisser reposer la pâte au réfrigérateur et de l'enfourner bien froide dans un four très chaud.

MARMELADE FACILE

Reminéralisant, gourmand

Pour 2 pots
Préparation : 20 minutes
Cuisson : 1 h 30 + 15 à 20 minutes
Attente : 3 heures

Ingrédients : 400 g de citrons jaunes bio ; 50 cl d'eau ; 500 g de sucre de canne blond.

- Brossez les citrons sous l'eau chaude, séchez-les et éliminez les extrémités. Coupez-les en huit dans le sens de la longueur puis recoupez chaque quartier en tranches aussi fines que possible. En même temps, éliminez les pépins (gardez-les, placez-les dans une gaze).
- Mettez les citrons dans une casserole avec l'eau et la gaze contenant les pépins, couvrez de deux couches de papier-alu et faites cuire sur feu très doux pendant 1 h 30.
- Laissez refroidir 3 heures. Ôtez le sachet, ajoutez le sucre et faites recuire à feu moyen 15 à 20 minutes, le temps que la marmelade prenne. Attention, la marmelade reste très liquide, cela ne veut pas dire qu'elle n'est pas cuite : elle épaissit énormément en refroidissant.
- Mettez en pots immédiatement, fermez et retournez les pots quelques instants pour stériliser les couvercles. Laissez refroidir complètement.

☆ Le conseil acidulé

N'oubliez pas de couvrir la casserole : la marmelade restera ainsi suffisamment liquide.

MOUSSE SUPERLÉGÈRE AU FROMAGE BLANC

Super-minceur, riche en protéines, squelette solide

Pour 4 ramequins
Préparation : 5 minutes
Cuisson : 2 minutes
Réfrigération : 12 heures

Ingrédients : 2 blancs d'œufs ; 200 g de fromage blanc à 3 % ; 1 feuille de gélatine ; 2 c. à s. de lait demi-écrémé ; 1 goutte d'HE de citron ; 25 g de sucre blond de canne.

- Faites ramollir la feuille de gélatine dans un bol d'eau froide. Chauffez le lait dans une petite casserole et faites-y fondre la gélatine.
- Ajoutez le fromage blanc et l'huile essentielle de citron directement dans la casserole. Montez les blancs en neige ferme avec le sucre. Ajoutez au fromage blanc. Répartissez dans 4 ramequins et faites prendre 12 heures au frais.

Le conseil acidulé

Pour que la gélatine prenne bien et que la préparation soit homogène, il faut éviter que la différence de température soit trop importante. Pas de gélatine encore frémissante dans un fromage blanc qui sort du réfrigérateur par exemple. Pensez donc à sortir le fromage blanc un peu à l'avance et, surtout, à bien battre la préparation lorsque vous verserez, peu à peu, la gélatine.

MOUSSE AU CHOCOLAT AU LAIT ET AU CITRON

Bonne humeur, gourmand

Pour 6 ramequins
Préparation : 5 minutes
Cuisson : 5 minutes
Réfrigération : 3 heures minimum

Ingrédients : 200 g de chocolat au lait spécial dessert ; 4 œufs ; 1 citron ; 1 petite c. à c. de bicarbonate de sodium.

- Prélevez trois bandes de zeste sur un citron. Plongez-les dans une petite casserole d'eau bouillante pendant 30 secondes, égouttez, recommencez l'opération avec une eau propre puis égouttez à nouveau. Coupez les zestes en fines lanières.
- Faites fondre le chocolat cassé en petits morceaux. Cassez les œufs en séparant des blancs des jaunes. Montez les blancs en neige avec le bicarbonate. Ajoutez les jaunes et les zestes au chocolat puis incorporez délicatement les blancs.
- Répartissez dans des ramequins et faites prendre 3 heures minimum au réfrigérateur.

☆ Le conseil acidulé

Dans l'idéal, les mousses doivent reposer une nuit pour être au top de leur saveur et de leur fermeté. Choisissez bien un chocolat au lait spécial dessert pour obtenir une fonte homogène et régulière.

NAGE DE FRAISES AU THÉ ET AU CITRON

Super-minceur, bon pour la circulation

Pour 4 personnes
Préparation : 10 minutes
Cuisson : 2 minutes
Réfrigération : 2 heures

Ingrédients : 500 g de fraises ; 40 cl d'eau ; 1 sachet de thé Earl Grey ; 2 citrons ; 2 c. à s. bombées de miel ; feuilles de menthe fraîche.

- Prélevez trois bandes de zeste sur un citron. Plongez-les dans une petite casserole d'eau bouillante pendant 30 secondes, égouttez, recommencez l'opération avec une eau propre puis égouttez à nouveau. Coupez les zestes en fines lanières.
- Portez l'eau à ébullition, versez sur le sachet de thé. Laissez infuser 5 minutes, ôtez le sachet, puis ajoutez le miel, le jus des deux citrons et les zestes ciselés. Laissez refroidir et placez au réfrigérateur 2 heures.
- Rincez et séchez les fraises, ôtez les queues, recoupez-les en deux ou en quatre selon leur taille. Répartissez dans des coupes, arrosez de nage et décorez de menthe fraîche.

☆ Le conseil acidulé

Vous pouvez aussi réaliser cette recette avec un thé parfumé aux agrumes ou un thé vert à la menthe.

POMMES CUITES AU FOUR

Bon pour le transit, anticholestérol

Pour 4 personnes
Préparation : 10 minutes
Cuisson : 40 minutes + 1

Ingrédients : 5 pommes (Elstar, Belchard) ; 2 c. à s. de raisins secs ; 1 citron ; cannelle ; 2 c. à s. de Grand-Marnier ou de rhum (facultatif) ; 4 figues séchées ; 4 c. à c. de sucre complet.

- Préchauffez le four th. 6 (180 °C). Prélevez trois bandes de zeste sur un citron. Plongez-les dans une petite casserole d'eau bouillante pendant 30 secondes, égouttez, recommencez l'opération avec une eau propre puis égouttez à nouveau. Coupez les zestes en fines lanières.
- Rincez soigneusement les pommes, évidez-en 4 à l'aide d'un vide-pomme. Disposez-les dans un plat à four. Pelez la pomme restante et coupez-la en cubes. Rangez-les entre les pommes avec les figues coupées en deux. Arrosez avec le jus de citron, saupoudrez de cannelle.
- Répartissez les zestes de citron et les raisins secs dans les creux des pommes. Poudrez de sucre. Délayez le Grand-Marnier ou le rhum avec 1 petit verre d'eau, versez sur les pommes et faites cuire 40 minutes environ, jusqu'à ce qu'elles soient tendres.

✫ Le conseil acidulé

Le Grand-Marnier ou le rhum est bien sûr facultatif. Mais si vous choisissez d'en mettre, sachez que l'alcool sera totalement évaporé après cuisson.

Pâte de coings

Bon pour le transit, anticholestérol

Pour une quarantaine de pâtes
Préparation : 15 minutes
Cuisson : 35 minutes environ
Séchage : 3 à 6 jours

Ingrédients : 1 kg de coings ; sucre ; 1 citron ; sucre cristal pour la décoration ; huile pour le moule.

- Prélevez trois bandes de zeste sur le citron. Plongez-les dans une petite casserole d'eau bouillante pendant 30 secondes, égouttez, recommencez l'opération avec une eau propre puis égouttez à nouveau. Coupez les zestes en fines lanières.
- Brossez les coings sous l'eau et séchez-les avec un torchon rugueux afin d'éliminer le duvet. Coupez-les en quartiers (sans ôter les cœurs ni la peau). Mettez-les dans un faitout, couvrez d'eau froide et portez à ébullition pendant 15 minutes. Ils doivent être tendres.
- Égouttez, retirez les pépins, les parties dures et les peaux. Passez la pulpe au moulin à légumes et pesez-la. Ajoutez le même poids de sucre ainsi que les zestes et le jus du citron puis reversez le tout dans le faitout.
- Faites cuire 20 minutes en remuant avec une cuillère en bois. La pâte va foncer, épaissir et se détacher des bords de la casserole.
- Versez sur un marbre huilé ou dans un moule rectangulaire (de préférence en verre ou en porcelaine) sur une hauteur de 2 cm. Lissez la surface à l'aide d'une

spatule et laissez sécher dans un endroit sec, frais et bien ventilé pendant 3 à 6 jours.

- Coupez la pâte en carrés et passez-les dans du sucre cristal.

Le conseil acidulé

Grâce au citron, la pâte de coings restera de couleur bien claire. Sa qualité principale ? Elle est bourrée de fibres qui facilitent la digestion. N'en abusez pas non plus à cause de sa teneur en sucre.

Riz au lait aux zestes de citron

Bonne nuit, squelette solide

Pour 8 petits ramequins
Préparation : 10 minutes
Cuisson : 15 minutes

Ingrédients : 75 g de riz rond ; 75 cl de lait demi-écrémé ; 2 gouttes d'HE de citron ; 75 g de sucre blond de canne ; 1 citron.

- Prélevez trois bandes de zeste sur le citron. Plongez-les dans une petite casserole d'eau bouillante pendant 30 secondes, égouttez, recommencez l'opération avec une eau propre puis égouttez à nouveau. Coupez les zestes en fines lanières.
- Chauffez le lait dans une casserole. Quand il frémit, ajoutez le riz, le sucre, l'huile essentielle de citron et les zestes, et faites cuire 15 minutes environ, sans cesser de mélanger, jusqu'à ce que le lait soit absorbé. Répartissez dans des ramequins.

☆ **Le conseil acidulé**

Servez ce riz au lait tiède ou, au contraire, bien frais, après passage au réfrigérateur.

SALADE DE FRUITS ZESTÉE

Super-léger, antifatigue

Pour 4 personnes
Préparation : 10 minutes
Cuisson : 6 minutes
Réfrigération : 2 heures

Ingrédients : 600 g de fruits de saison mélangés (4 nectarines, 1 barquette de fraises ; ou 1 mangue et 2 pommes vertes) ; 10 cl d'eau ; ½ gousse de vanille ; 2 fruits de la passion ; 2 c. à s. de miel ; 1 citron.

- Prélevez trois bandes de zeste sur un citron. Plongez-les dans une petite casserole d'eau bouillante pendant 30 secondes, égouttez, recommencez l'opération avec une eau propre puis égouttez à nouveau. Coupez les zestes en fines lanières.
- Portez l'eau à ébullition avec le miel et les zestes de citron pendant 5 minutes. Ôtez du feu. Coupez la gousse de vanille en deux. Raclez les grains à l'aide d'un couteau, ajoutez-les au mélange ainsi que le jus de citron.
- Épluchez les fruits et coupez-les en morceaux, mélangez-les dans un saladier avec la pulpe des fruits de la passion et arrosez de sirop chaud. Mélangez délicatement, couvrez et laissez mariner 2 heures au réfrigérateur.

☆ Le conseil acidulé

En fonction de la saison, vous ne disposerez pas des mêmes fruits. L'idée : environ 600 g de fruits, quels qu'ils soient.

SOUFFLÉ CHAUD CITRONNÉ

Gourmand

Pour 6 ramequins
Préparation : 10 minutes
Cuisson : 7 à 10 minutes

Ingrédients : 2 citrons ; 3 œufs ; 60 g de sucre ; 50 g de sucre glace ; 1 pincée de sel fin ; 1 noix de beurre pour les moules.

- Beurrez les ramequins et saupoudrez l'intérieur de sucre. Retournez-les pour vider l'excédent de sucre et placez au réfrigérateur.
- Préchauffez le four th. 6 (180 °C) en position ventilation si votre four le permet.
- Prélevez trois bandes de zeste sur un citron. Plongez-les dans une petite casserole d'eau bouillante pendant 30 secondes, égouttez, recommencez l'opération avec une eau propre puis égouttez à nouveau. Hachez-les finement.
- Pressez les citrons. Battez les jaunes d'œufs avec le sucre restant, le jus de citron et les zestes. Montez les blancs en neige avec le sel, incorporez-les doucement à la préparation puis remplissez les moules aux trois quarts. Lissez la surface, saupoudrez de sucre glace (facultatif) et faites cuire 7 à 10 minutes (selon votre four, surveillez la cuisson).

☆ Le conseil acidulé

Servez aus-si-tôt avant que les soufflés retombent !

Soupe de figues

Bon pour la circulation, transit intestinal

Pour 4 personnes
Préparation : 10 minutes
Cuisson : 30 minutes

Ingrédients : 16 figues ; 50 cl de vin rouge ; 1 bâton de cannelle ; 1 citron ; 1 c. à c. d'extrait de vanille ; 3 c. à s. de miel.

- Plongez 4 bandes de zeste de citron dans une casserole d'eau bouillante pendant 30 secondes, égouttez, recommencez l'opération avec une eau propre puis égouttez à nouveau.
- Faites mijoter les figues avec le vin, le miel, les zestes entiers, la cannelle et la vanille dans une casserole sur feu doux pendant 15 minutes. Présentez-les par quatre dans des coupes.
- Faites réduire le vin et les épices à petit feu jusqu'à obtenir une consistance bien sirupeuse. Filtrez (ou pas) et versez sur les figues. Servir tiède ou froid.

Le conseil acidulé

Si vous préférez une version sans vin (tout en sachant que l'alcool s'évapore entièrement à la cuisson), utilisez 50 cl de thé Earl Grey.

TARTE AU CITRON LÉGÈRE

Classique allégé, digestion facile

Pour 8 parts
Préparation : 15 minutes
Cuisson : 15 minutes

Ingrédients : 1 pâte brisée ; 1 citron ; 30 cl de lait demi-écrémé ; 1 œuf ; 75 g de sucre blond de canne ; 2 gouttes d'HE de citron ; 3 c. à s. rases de Maïzena ; huile pour le moule.

- Préchauffez le four th. 7 (210 °C). Étalez la pâte dans un moule à tarte huilé, piquez avec une fourchette et faites cuire à blanc 15 minutes.
- Prélevez trois bandes de zeste sur le citron. Plongez-les dans une petite casserole d'eau bouillante pendant 30 secondes, égouttez, recommencez l'opération puis hachez-les finement.
- Battez l'œuf avec le sucre et la Maïzena. Chauffez le lait dans une casserole, versez sur le mélange en fouettant puis remettez dans la casserole et faites cuire en remuant, jusqu'à ce que la crème épaississe. Ôtez du feu et ajoutez l'huile essentielle et les zestes de citron. Laissez tiédir, versez sur le fond de tarte et placez au réfrigérateur jusqu'au moment de servir.

→

☆ Le conseil acidulé

La tarte au citron habituelle est généralement très riche, très beurrée et très sucrée. Celle-ci est simplement réalisée avec du lait, juste ce qu'il faut de sucre de canne et de l'huile essentielle de citron. Vous faites la pâte brisée vous-même ? Ajoutez 2 c. à c. de graines de pavot à la farine : l'association avec la crème au citron est particulièrement réussie.

TERRINE POMMES-POIRES AUX ZESTES DE CITRON

Anticholestérol, spécial transit, super-léger

Pour 4 personnes
Préparation : 10 minutes
Cuisson : 10 à 15 minutes
Réfrigération : 2 heures

Ingrédients : 4 g d'agar-agar ; 600 g de pommes Canada ; 50 cl de nectar de poires ; 1 citron ; 4 c. à s. de raisins secs ; 2 c. à s. de sirop d'érable.

- Prélevez trois bandes de zeste sur un citron. Plongez-les dans une petite casserole d'eau bouillante pendant 30 secondes, égouttez, recommencez l'opération avec une eau propre puis égouttez à nouveau. Coupez les zestes en fines lanières.
- Épluchez les pommes, ôtez les cœurs et les pépins. Coupez-les en gros cubes et mettez-les dans une casserole avec un fond d'eau. Couvrez et faites cuire 10 minutes environ. Les pommes doivent être tendres quand on les pique avec la pointe d'un couteau. Ôtez du feu et mixez-les avec le nectar de poires afin d'obtenir un mélange fluide.
- Versez dans une casserole, ajoutez le sirop d'érable et l'agar-agar puis portez à ébullition. Baissez le feu et faites cuire 1 minute sans cesser de remuer.

→

- Hors du feu, ajoutez les raisins secs et les zestes de citron. Versez dans une terrine, faites refroidir puis laissez prendre 2 heures au réfrigérateur.
- Démoulez sur un plat et coupez en parts pour servir.

☆ Le conseil acidulé

Selon vos envies, remplacez les raisins secs par des cranberries séchées, des dattes en morceaux, des dés de poires séchées…

VERRINES DE FRAISES ET LEMON CURD

Gourmand, bon pour le transit, vitaminé

Pour 8 verrines
Préparation : 10 minutes
Cuisson : 10 minutes

Ingrédients : 500 g de fraises ; 15 cl de jus de citron ; 100 g de sucre blond de canne ; 2 œufs ; 1 c. à s. de Maïzena ; 8 madeleines un peu rassises.

- Nettoyez et équeutez les fraises, recoupez les plus grosses en deux. Répartissez-les dans des verrines. Émiettez grossièrement les madeleines, disposez-les sur les fraises.
- Délayez la Maïzena avec le jus de citron dans un saladier supportant la chaleur. Ajoutez le sucre puis les œufs et battez le tout. Placez dans un bain-marie et faites cuire sans cesser de fouetter, jusqu'à ce que la crème ait épaissi.
- Ôtez du bain-marie, laissez refroidir et versez sur les fraises. Servez frais.

☆ Le conseil acidulé

Hors saison, remplacez les fraises par des dés de kiwis ou des grains de raisin.

YAOURTS AU CITRON

Spécial enfants, squelette solide, flore intestinale

Pour 7 ou 8 pots
Préparation : 5 minutes
Cuisson : 7 heures environ

Ingrédients : 1 yaourt nature (ou 1 sachet de ferments) ; 1 c. à s. de sucre de canne ; 1 l de lait entier ; 4 c. à s. de lait en poudre ; 2 gouttes d'HE de citron ; 2 bandes de zeste hachées.

- Mélangez le yaourt avec le sucre, le lait en poudre, l'huile essentielle de citron et les zestes dans un bol avec bec verseur. Délayez peu à peu avec le lait puis répartissez dans les pots.
- Programmez la yaourtière.
- Quand les yaourts sont prêts, refermez les pots et placez-les au réfrigérateur.

Le conseil acidulé

À la place du sucre de canne, vous pouvez utiliser du miel ou du sirop d'agave ou d'érable.

Mes sauces et condiments acidulés

CITRONS CONFITS AU SEL

Digestion légère, minceur,
anticholestérol, 0 %

Pour 1 gros bocal
Préparation : 15 minutes
Sans cuisson
Repos : 3 jours + 1 mois

Ingrédients : 4 citrons ; eau ; gros sel ; 1 c. à s. de graines de coriandre.

- Lavez et séchez soigneusement les citrons. Coupez-les en 4 en les laissant attachés par la base. Ôtez les pépins puis garnissez le cœur de chaque citron d'une généreuse cuillerée de gros sel. Refermez ensuite le fruit.
- Tapissez le fond du bocal ébouillanté de gros sel et de graines de coriandre. Installez-y les citrons en les tassant le plus possible puis fermez et laissez macérer 3 jours.
- Passé ce délai, les citrons doivent baigner dans leur jus. Si ce n'est pas le cas, complétez avec de l'eau bouillante.
- Laissez confire au moins 1 mois avant de les utiliser.

☆ Le conseil acidulé

Ces citrons confits s'utilisent coupés en petits dés dans des tajines et des papillotes de poisson ou de poulet.

Sauce au fromage blanc spécial grillades et BBQ

Super-minceur, squelette solide

Pour 4 personnes
Préparation : 5 minutes
Sans cuisson

Ingrédients : 1 citron jaune ; 3 à 4 c. à s. de fromage blanc à 3 % ; 1 c. à s. de ciboulette ciselée ; 1 petite échalote ; sel, poivre 5 baies.

- Pressez le citron, versez le jus dans un bol (ôtez les pépins s'il y en a). Pelez et émincez l'échalote, ajoutez-la dans le bol avec la ciboulette, du sel, du poivre et le fromage blanc.
- Mélangez rapidement et placez au frais jusqu'au moment de servir.

☆ Le conseil acidulé

Cette sauce accompagne les blancs de poulet « nature » cuits à la poêle, les brochettes de volaille et de porc, les filets de poisson grillés... Vous pourrez y ajouter quelques zestes râpés.

VINAIGRETTE AU JUS DE CITRON

Anticholestérol, protection cardiaque

Pour 4 personnes
Préparation : 5 minutes
Sans cuisson

Ingrédients : 1 gros citron jaune ; 3 à 4 c. à s. d'huile d'olive ; sel, poivre 5 baies.

- Pressez le citron, versez le jus dans un bol (ôtez les pépins s'il y en a).
- Fouettez avec l'huile d'olive, du sel et du poivre.

☆ Le conseil acidulé

Choisissez un citron bien souple et à la peau fine, il donnera un maximum de jus. Selon vos envies, rajoutez ½ gousse d'ail pressée, 1 échalote hachée, ou encore des herbes ciselées (estragon, ciboulette, persil, basilic...)

Essayez aussi une variante en utilisant 1 citron jaune et 1 vert, et en rajoutant à la vinaigrette 1 bande de zeste ébouillantée et râpée.

Mes boissons super-détox

Boisson Détox

Diurétique, brûle-graisses, ventre plat

Pour 4 verres
Préparation : 5 minutes
Cuisson : 3 minutes

Ingrédients : 1 l d'eau ; 4 c. à s. de sirop d'érable ; 4 citrons ; piment de Cayenne.

- Chauffez l'eau. Versez le sirop d'érable dans une grande théière puis ajoutez le jus des citrons et du piment (quelques pincées).
- Quand l'eau frémit, versez-la peu à peu dans la théière tout en remuant et buvez aussitôt.

Le conseil acidulé

Attention au piment ! Si vous n'êtes pas habitué, dosez-le avec parcimonie : une pincée peut suffire. Vous passerez progressivement à deux puis trois.

CITRON CHAUD

Diurétique, anti-infections, coup de fouet, détox

Pour 4 verres
Préparation : 5 minutes
Cuisson : 3 minutes

Ingrédients : 1 l d'eau ; 50 g de miel ; 4 citrons.

- Chauffez l'eau. Versez le miel dans une grande théière. Quand l'eau frémit, versez-la peu à peu sur le miel tout en remuant, de façon à ce qu'il soit parfaitement fondu.
- Ajoutez le jus des citrons.

Le conseil acidulé

Si vous préférez, remplacez le miel par du sirop d'érable ou d'agave.

CITRONNADE AU MIEL

Antifatigue, détox, diurétique

Pour 4 verres
Préparation : 5 minutes
Cuisson : 3 minutes
Réfrigération : 1 heure

Ingrédients : 1 l d'eau ; 50 g de miel ; 5 citrons ; glaçons (facultatif).

- Chauffez 50 cl d'eau. Versez le miel dans une grande carafe. Quand l'eau frémit, versez-la peu à peu sur le miel tout en remuant, de façon à ce qu'il soit parfaitement fondu. Ajoutez le reste d'eau et le jus de 4 citrons.
- Placez 1 heure au frais puis ajoutez le dernier citron coupé en rondelles ainsi que des glaçons (facultatif).

Le conseil acidulé

N'hésitez pas à remplacer le dernier citron, à couper en rondelles, par un ou deux citrons verts. Plus de couleurs, plus de fraîcheur !

COMME UN MOJITO

Spécial enfants, détox, digestion facile

Pour 4 verres
Préparation : 5 minutes
Cuisson : 3 minutes

Ingrédients : 1,5 l d'eau pétillante ; 75 g de sucre de canne ; 2 citrons jaunes ; 3 citrons verts ; 2 branches de menthe fraîche ; glace pilée (facultatif).

- Pressez les citrons jaunes et 2 citrons verts, versez le jus dans une grande carafe. Ajoutez le sucre, mélangez. Ciselez les feuilles de menthe à l'aide d'une paire de ciseaux, coupez le dernier citron vert en rondelles. Mettez le tout dans la carafe et couvrez d'eau pétillante.
- Servez avec de la glace pilée (facultatif).

Le conseil acidulé

Choisissez une eau pétillante peu salée (Salvetat, Arvie…).

GLAÇONS SUPER-FUNNY

Minceur, détox

Pour 12 citrons-glaçons
Préparation : 5 minutes
Sans cuisson

Ingrédients : 2 citrons jaunes.

- Rincez soigneusement les citrons sous l'eau chaude, séchez-les avec un torchon propre. Ôtez les deux extrémités de chaque citron puis taillez-les en rondelles.
- Déposez-les à plat sur une assiette en plastique et placez au congélateur 2 à 3 heures, le temps qu'ils durcissent. Décollez-les et rangez-les dans un sac de congélation.

☆ Le conseil acidulé

Ces rondelles de citron congelées s'utilisent comme des glaçons et rafraîchissent les limonades, thés glacés, infusions de rooibos frappées... Citrons bio de rigueur !

Green Limonade

Belle peau, minceur, équilibre acido-basique

Pour 4 verres
Préparation : 5 minutes
Sans cuisson

Ingrédients : 1 concombre ; 3 branches de céleri ; 1 pomme verte ; ½ citron vert ; 1 poignée de pousses d'épinards ; 1 c. à s. rase de gingembre frais râpé.

- Rincez soigneusement le concombre, le céleri, la pomme et les pousses d'épinards. Passez le tout dans un extracteur à jus, ou à la centrifugeuse, ajoutez le jus de citron et le gingembre.
- Servez aussitôt.

> ☆ **Le conseil acidulé**
>
> Un jus ultra-riche en enzymes, à consommer dès préparation pour bénéficier de toutes ses vertus.

LEMONADE DIET (ACIDO-BASIQUE)

Digestion légère, super-détox, brûle-graisses

Pour 4 verres
Préparation : 5 minutes
Cuisson : 3 minutes

Ingrédients : 1 l d'eau pétillante alcalinisante (Arvie, Quézac) ; 8 c. à s. de jus de citron ; 4 c. à s. de sirop d'érable ; 1 pointe de couteau de piment de Cayenne ou 1 pincée de poivre.

- Dans une bouteille vide de 1,5 l, versez le jus de citron, le sirop d'érable et le poivre ou le piment de Cayenne.
- Ajoutez l'eau pétillante, fermez la bouteille, secouez.

☆ Le conseil acidulé

Évidemment, n'ouvrez pas la bouteille aussitôt après l'avoir secouée, nous déclinerions toute responsabilité. En revanche, buvez cette préparation tout au long de la journée par petits verres : elle vous aidera à retrouver le fameux équilibre acido-basique de l'organisme… et toute votre énergie !

SHOT ANTIGRIPPE

Antimicrobes, reminéralisant

Pour 4 tasses
Préparation : 5 minutes
Cuisson : 3 minutes
Infusion : 8 minutes

Ingrédients : 1 l d'eau ; 50 g de miel ; 4 citrons ; 1 bâton de cannelle.

- Chauffez l'eau. Versez le miel dans une grande théière et déposez-y également le bâton de cannelle. Quand l'eau frémit, versez-la peu à peu sur le miel tout en remuant, de façon à ce qu'il soit parfaitement fondu.
- Ajoutez le jus des citrons et laissez infuser 8 minutes.

☆ Le conseil acidulé

Vous pourrez réutiliser votre bâton de cannelle deux ou trois fois. Après, laissez-le bien sécher et enfouissez-le dans un bocal de sucre, qu'il parfumera délicatement.

SIROP DE CITRON

Spécial enfants, reminéralisant, zéro additif

Pour 4 verres
Préparation : 5 minutes
Cuisson : 15 minutes

Ingrédients : 8 citrons ; 1 kg de sucre blond de canne ; 25 cl d'eau minérale.

- Mettez l'eau, les zestes des citrons et le sucre dans une casserole, chauffez jusqu'à ce que le sucre soit fondu. Laissez ensuite cuire sur feu doux pendant 10 minutes, jusqu'à obtenir un liquide sirupeux. Ajoutez le jus des citrons et laissez mijoter encore 5 minutes.
- Filtrez, laissez refroidir et mettez en bouteille.

☆ Le conseil acidulé

Conservez ce sirop à l'abri de la lumière. À utiliser dilué dans de l'eau, bien sûr, mais aussi pour parfumer une salade de fruits ou un fromage blanc. Si vous récupérez les zestes, pensez à les glisser dans un entremets (riz au lait, flan à l'agar-agar…).

THÉ ROUGE AU CITRON

Antioxydant, diurétique, super-minceur, sans caféine

Pour 4 verres
Préparation : 2 minutes
Cuisson : 3 minutes
Infusion : 6 minutes

Ingrédients : 2 sachets de rooibos ; 80 cl d'eau ; ½ citron + 8 rondelles.

- Portez l'eau à frémissements. Versez sur les sachets de thé et laissez infuser 6 minutes.
- Ôtez les sachets, ajoutez le jus et les rondelles de citron.

☆ Le conseil acidulé

Sirotez tel quel, sans sucre. Si vous préférez une saveur plus douce, ajoutez un peu de miel ou de sirop d'érable. Un thé à boire tout chaud, ou au contraire glacé, après refroidissement complet et passage au réfrigérateur.

Table des matières

De Julie Frédérique, aux éditions Leduc.s

Le citron malin

Prix : 5,90 euros
Format : 11 x 17,8 cm
Pages : 224
ISBN : 978-2-84899-332-4

L'huile d'olive, c'est malin

Prix : 5,90 euros
Format : 11 x 17,8 cm
Pages : 160
ISBN : 978-2-84899-429-1

De Carole Garnier, aux éditions Leduc.s

Mes petites recettes magiques hyperprotéinées

Avec Anne Dufour

Prix : 5,90 euros
Format : 11 x 17,8 cm
Pages : 208
ISBN : 978-2-84899-440-6

Mes tartes et quiches magiques

Prix : 5,90 euros
Format : 11 x 17,8 cm
Pages : 224
ISBN : 978-2-84899-396-6

Achevé d'imprimer par
EDIPRO GROUPE

Dépot légal : février 2011